公立小学校教諭
齋藤 浩

教師という接客業

草思社

教師という接客業

目次

第3章 接客業化がもたらす弊害

第4章 学校にも押し寄せる変化の波 159

終わりに

211

はじめに
目指すは高い顧客満足度？

新聞の投書欄にこんな意見があった（『読売新聞』二〇一九年十一月十七日付）。

《孫が小学6年の参観日のこと。授業中に先生の話を聞かず、立ち上がって周りの子に話しかける児童がいたが、先生は注意しなかった。工作の授業では、母親が自分の子に話しかけて作品作りに手を貸しているのを、先生は黙認していた。こんな現場を見ると、教師は子供たちに真剣に向き合ってないのではないか、面倒にかかわりたくないのではないか、と思ってしまう。いじめなどの問題にも気づこうとしないのではないかと。教師は真剣に子供と向き合ってほしい。》

なるほど、祖父が孫の授業参観に出かけて率直に感じたことなのだろう。普通なら教師がしっかり注意すべき事態なのに、毅然《きぜん》と対処しようとしなかった担任への不信感が言葉の端々に出ている。

祖父が子どもの頃、おそらく教師は誰よりも怖い存在だったに違いない。授業参観で子どもの態度が悪かったとしたら、

「おい、いい加減にしろ！」

保護者が参観していることなど忖度《そんたく》せず、厳しい言葉を浴びせていただろう。いや、その前にそんな子どもや母親はいなかったはずだ。教師に怒られることがないように、子どもたちも授業中はひたすらよそ行きの顔をしていたような時代である。

学校のサービス業化

ご存じのように、近年では教師が絶対的存在ではなくなった。教師はただの人、学校もたんなる公的機関に過ぎないという風潮から、教育現場は大きくスタンスを変えざるをえなくなった。

「学校は従来のような聖域ではなく、先生も聖職者と見られている時代ではありません。子どもや保護者が大いに満足できるように、サービス業としての視点も大事にしてください。揉めごとがないように、十分に気を配ってください」

実際にある校長が教職員に言っていた言葉である。子どもや保護者を大切にするという考えに、異を唱える気は毛頭ない。

サービス業――。

少し前から学校でよく耳にするようになった言葉だ。ただ、どうしても引っかかるのは私だけだろうか。

サービス業の根幹は「顧客の満足度を最優先に考えるという姿勢」である。デパートであれば顧客が必要とする品物を全力でそろえ、ホテルであれば顧客の要望を可能なかぎりかなえようと奮闘する。

「ここまでやってくれるのか……」

相手にそう感じさせたら勝ちだ。サービス業に従事する者であれば、サービスの質で相手を唸《うな》らせることをモットーにしなければならない。学校に当てはめると、

「こんな無理なことをお願いしたのに、先生も学校もみごとに対応してくれた」

保護者にそんなふうに感謝されることが必要だということになる。だが本当に、それでいいのだろうか。

以前、「奇跡の学校作り」として有名な荒瀬《あらせ》克己《かつみ》先生にインタビューしたことがある。それまで年に六人程度だった国公立大学の現役合格者数を、たった六年で二十倍の百二十

人に急増させた京都市立堀川高等学校の校長として、当時名を馳せた人物だ。

「私たちは普通のサービス業ではなく、ちょっと変わったサービス業に就いています。普通のサービス業の場合は相手の望むものすべてを提供するわけですが、私たちは生徒が望んでも提供しない場合があります。反対に、彼らが望まなくても提供する場合もあるのです。彼らが将来困らないかどうかというのが、提供するか否かの基準です。顧客は十年後の彼ら。つまり、未来の彼らからの要望にもとづいてやっているというわけです」

これならわかる。学校とは子どもたちが社会に出るための準備をする場所だと考えると、顧客は目の前の生徒ではなく、未来の彼らというわけだ。

ただ現実としては、学校においてサービス業という言葉は、「顧客、つまり子どもや保護者の望むことを極力実現させるべきだ」というニュアンスで使われている。そこにはたして教育的な意図や戦略があるのか、大いに危惧されるところなのだ。

とりあえず承る

サービス業へと舵を切った現在の学校においては、特に保護者の要望については「なるべく実現させる方向」で考えなければならない。時に矛盾した要望がきたとしても、どちらも立てるかたちで進めなければ角が立つのだ。

ある同僚教師がこぼしていた。

「この前、学級懇談会があったんです。ある保護者からは、宿題が少ないからもっと量を増やしてほしいと言われました。『わかりました』と答えると、別の保護者から反対の要望が出されたのです。受験で忙しくなるから、なるべく宿題は減らしてほしいって。それについても承知しました。ところが他の保護者からは、いったいどっちなのかはっきりさせてほしい、ときたんです」

それはそうだろう。この回答では完全に矛盾が生じる。彼もそんなことはわかっていたのだが、とりあえず承《うけたまわ》る姿勢を示すしかなかった。

「無駄な宿題はなくす方向で、ただどうしても必要な内容は宿題として出していきます」折衷案になっているとは思えないが、とりあえずそんな内容の対応でしのいだと言っていた。

教師だって人間だ。そして教育のプロだ。

本当はこう言いたい。

「義務教育の内容は、保護者の要望に左右されるべきものではありません。必要だから宿題を出しているのです。それに対して、多いだの少ないだの言っていいはずはありません。あくまでも、担任である私の判断で決めるべきものです」

しかし実際には、そんなことを言えるはずはなく、もし言ったとしたら大変な騒動が待ち受けている。懇談会後の噂話になるのは必至で、校長のところに直接クレームが行く可能性も高い。どちらにしても、大きなリスクがあるのだ。

だから、教師としては一方的に保護者の要望を退けることはせず、とりあえず話を聞き、可能なかぎり善処する姿勢を見せるのだ。そうすれば、

「あの先生、聞く耳すらないわよね」

という全否定だけは免れることはできる。

「まあイマイチな答えだけど、様子を見るしかないわよね」

この程度で収まるなら、御《おん》の字である。教師としては悪い噂が立ち、それがクラスの保護者のあいだで拡散することだけは避けたいのである。

学校には、未来の教師を目指す教育実習生や学生ボランティアがやってくることも多い。学生ボランティアのある女子学生が言っていた。

「今の先生方は、そこまで気を使っていらっしゃるんですね。これまで教職を目指してきましたが、何か自信がなくなりました」

文部科学省の調査によると、令和元年（二〇一九年）度小学校教員の採用試験の倍率は、二・八倍と過去最低になったという。もっとも高かった平成十二年（二〇〇〇年）度の十二・

五倍の五分の一ほどというから、その低調ぶりには驚くばかりだ。もっとも、現在保護者や社会から求められる教師像を考えたとき、その不人気ぶりにも納得がいく。

「わが子は教員にだけはさせたくない」

多くの同僚が口をそろえる言葉である。

とりあえず謝る

横柄な態度の客に、平身低頭で謝るレジ係の女性の姿をあるデパートで目にしたことがある。

「申し訳ございません。すぐに入れ直します」

スーパーマーケットでは客が自分で買った品物を袋に詰めるが、デパートの食料品売り場ではレジ係が詰めてくれる場合が多い。その詰め方が気に入らないというのだ。後ろで見ているぶんには、特段問題があるようには見えない。ただ、その客からすると満足できない点があるのだろう。

「本当に申し訳ございません。もう少々お待ちください」

レジ係は平謝りしながら、震える手で袋に入れ直している。同じ人間同士なのだから、もっと寛容でもよいのではないかと思うのだが、日本のサービス業ではそうもいかないのだろう。お客様の要望は絶対なのだ。

「まあ、このくらいで勘弁してください」

店員が言おうものなら、責任者を出せという騒ぎとなる。だから、内心忸怩《じくじ》たるものはあろうが、とりあえず謝るのだ。

学校にも、数多くの要望が寄せられる。真っ当なものもあるが、なかには首をひねりたくなるものも少なくない。

「その保護者は、毎晩決まって八時に電話してくるんです。その子が手を挙げているのに指さなかったとか、友だち関係で嫌なことがあったのに連絡してこなかったとか、給食を無理に食べるように言われたとか……。給食なんて、食べられたら全部食べようねって言ってる程度です。それなのに、毎日自分に謝るように迫ってきて、もう学校に行くのが恐怖でしかありません」

隣りの小学校に勤務していた若手教師の話だ。子細に事情を聞いてみても、彼に特別な落ち度があるようには感じられなかった。

実際に謝ったのかどうか聞いてみると、そこからが話の本題だと言わんばかりに、眉間に皺《しわ》を寄せた。

「謝ることもないし、謝るべきでもないと思っていました。実際、自分にはそんなに大きな非はないので、謝りようがないんです。でも、管理職（学校での管理職とは校長・教頭を指す）が謝れって。僕は嫌だって言ったんです。悪くないのに謝るのは、どう考えてもおかしいって。そうしたら、こう言われたんです。悪い、悪くないの話ではない。相手の怒りを収めるかどうかの話だって。保護者の怒りが収まるのであれば、とりあえず謝っておくのが得策だって」

彼はしぶしぶ謝ったという。だが、電話がくるのは、毎日のこと。毎度毎度、自分に非があるわけでもないのに、

「配慮が足りず、申し訳ございません」

そんな謝罪を繰り返す羽目になったという。

すべての管理職が同様の指示を出しているとはいわない。ただ、似たような話をあまりに多く耳にする。教育効果など二の次で、ただ高い「顧客満足度」を目指す姿勢を感じるのは私だけではあるまい。

「とりあえず謝るなんて、教員免許がなくてもできること。致しません」

大門未知子にズバッと言ってほしいものだ。

教師に個性は不要

いつでも、どこでも、誰にでも同じレベルのサービスを提供できる、というのもサービス業の大切な要素だ。だとしたら、教師もいわゆる長所・短所があったらダメだということになる。すべての分野において合格点がつく、没個性的な教師が望ましいということになってしまう。

だが、そんな教師ばかりを集めることが可能だろうか。

私は不可能だと思う。教師にも得手不得手はあり、また完璧でないからこそ、その人間（教師）には魅力があるのだ。その完璧でない部分や弱点を否定したのでは、教師の個性そのものを否定することになってしまう。

指導の過程で冷静さを失う教師がいたとしても、その彼には「熱血」という長所があるともいえる。指導に厳しさが足りず、子どもとの距離が近くなりすぎる教師がいたとしても、一方でその彼女には包容力という魅力があるといえるかもしれない。ここで、つねに冷静さがないと顧客が満足しないとなったら、熱血教師は熱血という自分の武器を失うことになるのだ。子どもとの距離をとるように求められた彼女も、持ち味の包容力を失うことになりかねない。マイナス面を取り除くことで長所もなくす可能性があるのだ。

ある保護者に言われたことがある。

「最近の先生は、誰を見てもみんな同じような感じで面白くないです。この先生はこんな特徴がある、ということすらわかりません。だから、じつは去年の担任もその前の担任も、お名前を覚えていないんです」

たしかに、どの担任も同じような温度で子どもたちに接し、マニュアルで決められているかのように同じような内容で懇談会をやっていたら、保護者の記憶には残らないだろう。

だが私は思わず反論してしまった。

「教師の個性を奪った責任の一端は、じつは保護者の方にあると思っています。個性的なクラス運営をする担任に『ウチの子には合わないから、他の教師と同じようにやってくれ』と要望する保護者がいらっしゃるのです。そうした要求がたび重なると、なるべく息を潜め、よけいなことはしないようにするものです。教師が個性を発揮しないようにするのは、自衛のための措置なんです」

個性を発揮した結果、もし保護者にノーを突きつけられたら、いったい誰が守ってくれるというのか。

「よし。そのときはワシが何とかする。安心して頑張れ」

昔のように剛毅な管理職が、そうそういるとは思えない。管理職でさえ、保護者や社会の批判の的になる時代なのだ。教育委員会が管理職や学校を守ってくれるはずもない。校長が前面に出ていって、にっちもさっちもいかなかったら、もう後ろで支える人材も機関も存在しないのだ。

「まあ、ほどほどにやっていきましょう」

あいまいにして、やりすごすしか道はない。

学校が「顧客満足度」を求めた結果、教師の仕事は接客業化してしまったのだ。

「学校でも躾《しつけ》をちゃんとしてください」

と言われれば、子どもたちに生活習慣の改善を説き、

「最近の学校はとても窮屈です。もっと子どもたちの自由を尊重してください」

と言われれば、反対に注意することを躊躇《ちゅうちょ》する。学校は、保護者や地域社会の一挙手一投足に右往左往せざるをえなくなってしまっているのだ。

触らぬ神に祟りなし

フィンランドでは、

「教師は、暗闇のなかを照らすロウソクのともし火」

と言われている。尾木ママこと教育評論家の尾木直樹氏も同様の指摘をしていた。

「教師が尊敬を集めないような国の未来は、間違いなく暗いと思うわ」

私自身が現職の小学校教師だから、権威の回復を望んでいるのではない。社会や地域住民、保護者が学校や教師をリスペクトし、教師もリスペクトを受けるに足る人材であろうとする。そんな大人たちの姿を目にすることが、子どもたちにとって理想的な環境なのだろうと思うのだ。

今の子どもたちが日常的に触れ合える大人はきわめて限られている。下手をしたら、自分の親と担任の教師くらいのものではなかろうか。子どもにとって安心して接することのできる大人が減ってきた昨今だからこそ、身近な大人である教師には信頼感や安心感が不可欠なのだ。

であるのに、地域の大人たちは、学校や教師をささいなことで攻撃するようになっている。たしかに学校や教師に落ち度がある場合もあるが、もっとも大きな理由は学校側が反撃しないからである。多勢に無勢で、学校や教師は受け身に回らざるをえなくなった。端的に言うと、「触らぬ神に祟《たた》りなし」というわけだ。

つまり、接客業に徹するしかわが身を守る術はなくなってしまったのである。本来、教育の場において接客業という言葉を使うこと自体、問題だと私は考えている。しかし現実に一部で、

「学校もサービス業としての意識を持つべきだ」

といったことが声高に語られるようになって、学校は「子どもを教育する場」という本来の役割から逸脱してしまった。公的機関＝サービスを提供する場所という「曲解」がまかり通るようになってしまった。

そして接客業に舵を切った以上、目指すは、

「顧客満足度ナンバーワン」

ということになる。当然ながら、学校も教師も保護者や地域社会に物申せなくなってしまった。冒頭で紹介した授業参観中のおしゃべりについても、である。注意でもしようものなら、

「あの先生、感じ悪いね」

となってしまう。同僚に聞いた話であるが、廊下のおしゃべりがあまりにひどく、教師の話が子どもに聞こえなかったことがあったという。

「廊下にいる人は静かにしてください」

何と注意したのは授業を受けている子どもだった。これでは本末転倒である。

第1章
保護者が期待するサービス満点教師

学校が一度サービス業へと舵を切ると、なかなか後戻りはできない。保護者のほうも、やってもらって当然だと思ってしまうからである。

「子どもが時間になっても起きないので、先生が毎日電話してください」

「ウチの子の嫌いなものは、給食に出さないでください」

学校によっては、こんな無茶なお願いをする保護者がいるという。

「本校の保護者には、そこまでの方はいません」

と多くの学校や教師が言うだろう。だが、はたして本当にそうだろうか。

「ウチの子を特によく見ていてください」

こんな要望を保護者に言われたり、耳にしたりしたことがあるという教師は多いだろう。これも根本は一緒である。だいたい、特定の子だけ念入りに見るなどということは不可能だし、あってはならないことだ。教師はどの子も同じように見ていくべきである。

なのに、なぜそんな要求をするのだろうか。そこには、やってもらって当然、担任教師も決して断らないだろうという前提がある。実際、教師も、

「わかりました」

とその場しのぎで答えがちだ。それで保護者も安心するからだ。

とはいえ、その後の教師の対応が「約束」と違うということになれば、保護者の要求はさらに続いていく。サービス業にゴールがないように、サービス満点教師にもここまでやれば大丈夫という線引きは存在しない。相手が納得するまでサービスを続けていくしかないのである。

1――「とにかく楽しく」という要望

学力は二の次

じつは保護者は保護者で強迫観念にとらわれている。学校とは一義的には勉強するとこ

ろ、新たな知識を身につける学びの場なのだが、友だち関係にばかり目が行くようなのだ。

「自分の子がイジメられたら……」

イジメをめぐる報道を目にするたび、そんな心配が頭をよぎるのだという。保護者との個人面談の場では、学力面の話はそこそこに、

「ウチの子は友だちと仲良くできていますか」

「休み時間、一人でいるようなことはありませんか」

などと、人間関係ばかりに質問が集中する。友だちは作ろうと思って作るものではなく、一生懸命に生活しているうちに自然とできるものだ。妙に馬が合い、出会った瞬間に友だちになるという場合だってある。

ただ、こうしたことはなかなか保護者には理解されず、

「ウチの子が休み時間に何をしているのか、よく見ておいてください」

という要望が寄せられることになる。

前述したように、残念ながら一人の子を重点的に見ることなど不可能である。ましてや、休み時間のことだ。クラスの全員が同じ場所で遊んでいるならまだしも、校庭や校舎内に分散した子どもたちの様子を教師がすべて把握するのは無理な話なのである。

もっとも、保護者の要望にノーと言ったらどのような噂を流されるか、わかったもので

はない。

「わかりました。よく見ておきます」

教師たちは、そう答えるしかないのだ。そして当然、その後も友だち関係について聞かれ続けることになる。

時を隔てて二回目の保護者との面談。

「その後も様子を見ていますが、たとえば今日は何人かのお友だちと楽しくブランコを漕いでいましたよ」

とってつけたようにその日の様子を伝え、とりあえず安心してもらうのだ。気をつけなければならないのは、本当によく見ているかどうか確かめるため、遊んでいた子の名前を聞かれることもあることだ。

「まあ、いろいろな子です」

こんな答えでは、接客業失格である。顧客の要望に真正面から答えていないからだ。具体的な名前を出し、いくつかの遊び内容を提示してこそ、説得力のある説明となる。

教師の本分である授業について聞かれれば、教師たちは正々堂々と答えられる。だが、学力は二の次で、子ども同士の人間関係にばかり保護者が関心を持つ状況には、閉口せざるをえない。

「まあ、気がついたときに見ておきます」

では、大変なことになる。

今の教師たちは、あえて名前を付けるとしたら、おそらく「便利屋」ということになるだろう。保護者の関心があろうとなかろうときちんと授業ができ、子ども一人ひとりに目が行き届き、その友だち関係も把握し、保護者の相談には親身になって乗り、突然の面談要求にも快く応じて、決して失言はしない。これらすべてを、過不足なくこなさなくてはならない。

こんな聖人君子でもクリアするのが難しいような条件を教師に課しているのが、今の学校なのである。

人気は叱らない先生

今から二十年前の話である。長男の中学校で行われた学級懇談会に顔を出したときのことだ。一通りの説明が終わり、質問タイムになったとき、一人の保護者が担任の教師にこんな要望をした。

「ウチの子は大きな声を出されるのが苦手なので、怒らないでください」

どう返していいのかわからなかったのは、担任も同じだったようだ。担任のけげんな表情を見てとった彼女は、説明を加えた。

「ウチの子は、怒られるのが嫌な子なんです。どうしても怒る場合があったとしても、できるだけ小さな声でお願いします」

担任も簡単にはハイと言えないので、ハアというように言葉を濁していた。彼女もそれ以上突っ込まなかったので、その場はそれで終わった。そのときは、ずいぶん変わった要望もあるものだなと思っていた。

それから、十年後。教師の叱り方についてのクレームが急激に増えてきた。ちらほら増えてきたと思ったら、またたく間に急増したという印象である。

「先生があまりに怒るから、ウチの子は明日学校に行きたくないと言っています。子どもに代わりますから、謝っていただけませんか」

有無を言わせぬ口調でクレームをつけられるケースが増えてきたのだ。そもそも、注意を受ける原因を作ったのは、子ども自身だ。友だちに暴力をふるったり、お金を盗んだり、友だちの教科書やノートを破ったり、いずれも叱られて当然の行為なのだが、

「ウチの子がやったことは、たしかに悪いです。ですけど、先生の注意のしかたも悪いんじゃないですか。あれじゃあ、反省する気持ちがあっても逆効果です」

と、なぜか教師の責任を追及する保護者がいるのである。

逆ギレとはこのことだ。このご時世、強く叱るといっても、昔の怖い先生のように怒鳴りつけたりはしない。だが、保護者側が子どもが学校に行きたくないと言っているのは教師の責任だと言い張り、「生徒が学校にこない」という新たな問題に苦慮して、不本意ながらも学校・教師が謝罪に追い込まれるという事例も数多く耳にした。

こんなことが続くとどうなるだろうか。教師は叱るのを止めたのだ。叱れば、思わぬかたちでしっぺ返しを食う。

「もう、子どもを叱ったりはしません。軽く注意はしますが、それ以上は自分からセーブします。だって、その結果、無用な気を使ったり時間を使ったりすることになるじゃないですか。そんなことにエネルギーを使うのに疲れました」

若い女性教師が言っていた言葉だ。叱らなくなっただけでなく、こちらが悪くなくても不満な気持ちを押し殺して謝る学校や教師。

だが、新たな問題も起きている。何をやっても叱られないものだから、子どもたちが好き勝手なことを始めたのである。まれに元気の良い教師が厳しく注意すると、

「教育委員会に訴えるよ」

と言い出す始末だ。以前、ある学級崩壊したクラスを教育委員会が視察にきたときのことだ。子どもたちが彼らに聞いた。

「あんたら、何者?」

「教育委員会からきたんだよ」

すると、子どもたちは「帰れコール」を始めたという。

叱るという選択肢を学校がなくしたら、由々しき問題が起こりかねない。

先生は友だち

授業参観に子どものおじいちゃんが来校し、驚かれていたことがある。

「先生。今の子どもたちの言葉遣いを聞いていると、相手が先生だという意識がないんじゃないですかね。目上の人には丁寧な言葉を使うのが常識だと思うんですが、まるで友だちに話しているようで驚きました」

敬語は小学校五年生で学習する。授業で習ったことは、日常生活でも活用していこうというのが学校教育の前提なので、敬語を習ったら大人を相手に使ってみればいい。教師は言い方を誤ったら指導してくれる相手でもあり、敬語を使えるようになるのに最適な練習台だと私は思う。

だが今日の学校では、敬語を子どもたちに強要することは難しい。

「先生はみんなより目上なんだから、敬語を使いなさい」

そんな指導をしたら、ブーイングを浴びるだろう。担任した子どもが以前、こんなことを言っていた。

「先生は何でも相談できるような、フレンドリーな存在であってほしい」

私もいろいろなことを相談できる教師であることは大切だと思う。ただ、彼が言う「フレンドリー」は、立場を超えて、友だちのように話せる関係を意味しているようだった。

教師が友だちになってしまったら、いったい子どもたちを諭《さと》す役を誰が担うというのか。

だが、子どもたちは説教なんて受けたくないと言う。

「だって、難しい話をだらだらされても、全然楽しくないもん。楽しくなければ話を聞こうと思わないし、それじゃあ意味ないと思う」

ということなのだ。そして実際、「友だち先生」は保護者にも評判がいい。

「先生が担任になってくれたおかげで、家でも先生のことを友だちの一人のように話してくれるようになりました。おかげで、学校でどんなことがあったのか、とてもよくわかるようになりました」

ある若手教師が保護者に言われた言葉である。ただ、この教師は困った様子で私に言っていた。

「家で私の話をするのはいいのですが、それって友だちの話をするなかに私も含まれているだけだと思うんです。私は大人だし一応教師なので、友だちのように思われているとしたら、そこは何とかしなければいけないと感じています」

この若手教師は、本当は子どもたちから尊敬を集める教師になりたいと思っているとも言っていた。だが、実際に子どもや保護者から求められているのはフレンドリーな存在である。

「結局は、そんな友だちみたいなキャラを演じるしかないんですよね」

自嘲気味に言いながら、彼女はこう言った。

「だから、早く年をとってベテラン教師になりたいんです。そうすれば、友だちキャラを求められることもなくなるじゃないですか。子どもは子ども、大人は大人と、しっかり距離をとってやっていきたいと思っています」

教師たちも、好き好んで「求められるキャラ」を演じているわけではない。だが、

「あの先生、何か取っつきにくいよね」

そんな評価を子どもたちから受けたら、その学校ではやりにくくなってしまう。それでやむなく、おそらくこんな教師のほうが受けがいいんだろうなと考え、ひたすら子どもたちの要望に合わせているのだ。

教育の本道をとり違えているような気がしてならない。

褒めて褒めて褒めまくる

保護者と面談をしていてよく言われる言葉がある。

「ウチの子は褒《ほ》めると伸びるタイプなんです」

誰しも、褒められて嫌な気持ちはしないだろう。ただ、褒めたくても、現実的になかなか褒めるのが難しいこともある。宿題をやってこない、授業中は他の子どもたちの勉強を邪魔する、平気で仲間を中傷するといった行為が続く子どもがいたら、実際問題として褒めるところを探すのは難しい。

それでも、教師は保護者に褒めてくれと言われる。

「うーん、給食は好き嫌いなく食べますね」

しかたなくそんなことを口にしても、満足してもらえない。

通知票の記述についても同様の状況がある。

余談だが、私が高校のときの通知票の教師による所見を見ると、なかなか厳しい言葉が並んでいる。

「力はあるが安定していない。一足飛びに成果を出そうとしても、現実的には難しい」

小気味よいといえばそうだが、今の時代にはこの文体では受け入れられないだろう。管理職も所見の書き方について、慎重にするように念を押す。

「子どもには将来があるので、あまり厳しいことは書かないでください。少しでも良いところを見つけ、最大限の評価をしてください」

したがって、

「自己中心的なので、まわりから信頼されていません」

本来ならそう書きたいところを、

「自分のことはしっかりできるので、さらにまわりを見る習慣を身につければ、今ある信頼がますます増えていくでしょう」

という書き方になる。ネガティブな表現をすることは、学校としてタブーになっている。

そうした現実は理解しつつ、あえて管理職に聞いたことがある。

「やはり、子どもたちのマイナスの部分はきちんと指摘したほうが、保護者にもどうすべきかが伝わるのではないでしょうか」

たしかに一理あると言われながらも、承諾は得られなかった。

「保護者との関係をより良くしていくためには、ストレートな表現は避けたほうがいいと思います。同じ改善を求めるなら、ネガティブな表現をするより、裏返してポジティブな表現にしたほうが効果があるでしょう」

表現のしかたでも、サービス満点を心がけるというわけだ。

しかし、褒めすぎるという行為は諸刃の剣でもある。高学年で担任した子どもが、こんなことを言っていた。

「どの先生も、たいしたことないのに褒めるでしょ。あれって、全然価値ないっていうか、逆にそんなので褒めるのかって思っちゃう」

一緒にいた別の子どもも同調していた。

「褒められて逆にウザイと思うこと、あるよね」

子どもたちも、教師が本当に評価して褒めてくれているのか、サービスの一環として褒めているのか、わかるようなのである。

「褒めるのも人によってはいいかもしれないけど、そんなに無理して褒めることないんじゃないの」

彼が最後に言っていた言葉が妙に心に突き刺さった。

楽しさ至上主義

小学校でも英語が教科化されたが、私は今もって導入の理由がわからない。急速なグローバル化にともない、外国語によるコミュニケーション能力がさまざまな場面で必要とされるためだといわれるが、本当にそのとおりだろうか。英語教育を必修化することにより、小学校中学年のうちから外国語に慣れ親しみ、外国語によるコミュニケーション能力の向上につながる——という考えについて、私は幻想だと考えている。

英語を習いはじめた小学生が大人になる頃には、おそらく性能の良い自動翻訳機が開発されているに違いない。スマホを持っているだけで、外国人と普通に話せるようになる時代はもう目の前だろう。英語だけでなく、フランス語、ドイツ語など、どんな言語でも自由に話せるようになるのだ。ＡＲ（拡張現実）やＭＲ（複合現実）の発展を考えると、スマホそのものが過去の遺物になっている可能性すらある。

それなのに、

「楽しい英語指導を心掛けましょう」

教育委員会からのお達しにより、英語の免許を持たない小学校教師が、笑顔全開で日夜奮闘している。

「ハーイ、英語の歌を歌うよ」

全身を使い、慣れない発音で悪戦苦闘する。

「レッツ・プレイ・ザ・ゲーム」

英語のゲームをとり入れ、子どもたちの興味関心を喚起するのに懸命なのだ。

保護者も慣れない小学校教師がどんな英語の授業を展開するのか興味津々のようで、

「担任の先生の英語って、どうなの？」

と子どもに聞いているようだ。

英語の免許を持たない教師に正しい発音を教えられるはずはないから、とにかく楽しいゲームで子どもたちを乗せ、目くらまししようと躍起になる。

小学校における英語の時間は、子どもたちの喜々とした声が聞こえないとダメということになっている。国語力の低下が危ぶまれているというのに、とんだお笑い草だ。

実際、子どもたちに負荷がかかる授業は、とにかく評判が悪い。書く力を身につけるために、作文指導に力を入れたところ、

「作文を書くのが嫌だからと言って、ウチの子が学校に行きたがりません」

というクレームがきた事例を聞いたことがある。結局どうしたのか聞いてみたところ、作文の「合格ライン」を下げて対処したという。指導要領に反しているのではないかと思うが、そんな正論は通じないこともあるのだ。

音楽会でも同様の事例がある。合唱のレベルを上げるために何度も歌い込み、完成度を高めようとしている最中、保護者から要望が入ったという。

「そんなに何度も練習を強要したら、子どもたちが楽しく歌えなくなるじゃないですか。もっと配慮してください。歌は楽しく歌うものです」

たしかに「音を楽しむ」のが音楽だが、完成度を上げて一段上の楽しさを味わうには、それなりの労力が必要である。だが、子どもが苦痛だと訴えるのならしかたがない。

「完璧に仕上がらなくても、とにかく楽しもう」

路線変更した結果、発表当日は非難を浴びたという。

「全体で披露するのに、このような出来でいいと思ってるんですか。子どもたちの成就感をもっと大切にしてほしいと思います」

では、いったいどうすれば良かったのか。

社会全体の風潮なのかもしれないが、子どもたちに苦痛を味わわせず、なるべく楽しさを提供するように言われることが多い。保護者からも、管理職からも、である。

オリンピックに出場するアスリートが試合前によく口にする、

「オリンピックを楽しもうと思っています」

という台詞には、前書きがついているはずだ。

「今まで精一杯やるべきことをやってきたので……」

私は、この楽しさの土台にあるものにこそ、しっかり目を向けるべきだと考えている。

ウケない「笑わない先生」

ラグビー日本代表の稲垣啓太選手が「笑わない男」として一世を風靡した。どちらかというと、ソフトで甘いマスクの男性が主流のなか、無骨で頼りがいのある風貌が女性のハートをくすぐったのだ。

「こういうタイプもありなんだ……」

強面《こわもて》の男性たちは、さぞ勇気をもらったことだろう。

だが、小学校では、笑わない先生はまったくウケない。難しい顔をしていたら、

「先生が怒ってるみたいで、怖い」

ということになる。

「先生。もっと笑ってください」

知り合いの若手教師が保護者に言われたことがあるそうだ。たしかに、笑顔は子どもに安心感を与える。だからといって、教師が無理やり笑顔を作るのは不必要ではないかと思ってしまう。

教師同士が学校内で授業を参観し合う研究会があり、学期に何度か他の教師の授業を見に行くことがある。そのなかで感じるのが、授業者がやたら笑顔を作っているということだ。作られた笑顔に、時に痛々しささえ感じてしまうことがある。

「どうして、そんなに笑顔にこだわるんですか」

あるとき、仲の良い同僚に聞いたことがある。彼女は驚いたような表情を見せたが、やがて質問の意図を悟ったのか、うなだれるようにこう言った。

「何か、教師はつねに笑っていないといけないっていうイメージがあって……」

本当は普通の表情で授業をしたいと言っていたが、子どもたちのウケが悪くなることが心配で、なかなかできないのだという。授業参観ではなおさらだという。無理に笑顔を作りすぎて、何とか参観授業を終え職員室に戻ると、目の下をマッサージしている教師がいるほどだ。

稲垣選手が担任だったら、どうだろう。たしかに、ニコニコしていないので、子どもたちはいつ怒るのかと不安になるのかもしれない。

「先生。怒ってるの？」

と聞く子どもは良いほうで、近寄ることすらできない子どももいるだろう。やがて、その噂はラインを通じて多くの保護者に広まるに違いない。だから、教師は自衛の策として、笑顔を意識するのである。

笑顔は、時に過剰な笑いの提供にもつながる。

「今日の授業、ウケたかな？」

授業の本道とは違うところに注意が行ってしまうのである。ただ、子どもたちはゲラゲ

ラと笑う場面があれば、とりあえず楽しい記憶が残る。家に帰って学校での様子を聞かれると、

「先生の授業、すっごく楽しかった」

ということになる。保護者は担任教師に会ったとき、

「先生の授業、とても楽しいそうですね」

と手放しで褒めるだろう。担任もしかたないからもっとウケるネタを用意しようとする。教師という仕事が接客業化したことによる「負の連鎖」が生まれているといえよう。

2——あくまでもソフト路線

真実を伝えない面談

担任からすると、保護者との面談は気を使うものだ。言い方や内容によって、評価が高まる場合もあれば、反対に、

「あの先生、感じが悪いよね」

とマイナスのイメージが広がる懸念もある。特に、全員の保護者と面談する「面談期間」での対応は要注意ということになる。

面談で、子どもの学校での様子をストレートに保護者に伝えることは難しい。

「えっ、では何を言うの？」

といぶかる声が聞こえてきそうだが、子どもの良いところを最大限に賞賛し、悪いところや課題についてはオブラートに包む言い方をする。たとえば、粗暴でなかなか言うことを聞かない子どもがいたとしても、

「休み時間、みんなを誘って元気に遊んでいます。遊びの面では、クラスのリーダー的な存在といえます」

教師はあえて「遊びの面では」と言うことで、他の場面では多くの課題があるのだと遠回しに伝えようとしているのだ。

普通にしっかり授業を聞いている子については、

「あれだけ授業に集中できているということは、きっと家でもきちんとした生活を送れているのでしょうね」

と、たんに「普通にしている」という実態以上の表現になる。

管理職も面談を控えた会議や打ち合わせの場で、

「保護者との良好な関係を築く大きなチャンスです。伝える内容については、よく吟味してください」

と「サービスの提供」を煽るような言い方をする。あえて一度だけ質問したことがある。

「そうは言っても、課題や問題があったら、それは伝えなければならないですよね」

「課題があったら、当然保護者に伝えなければなりません。ただ、子どもの人格や可能性を否定するような表現については、十分気をつけてください。保護者あっての学校なので、信頼関係を損ねることがないようにしてほしいのです」


相手が気分を害するようなサービスは厳禁だというのだ。若手教師がネガティブな情報を発信しにくいと感じるのもうなずける。


ただし、あまりにも問題がある場合は、多少なりとも伝えなければならない。生活態度がだらしなく、忘れ物や配布物の紛失を繰り返す子どもについて、若手教師がある程度の事実を伝えたことがあったのだが、面談が終わると、保護者は前に受け持ちだった担任のところに行って訴えた。

「今の担任の先生は、ウチの子の良いところを全然見てくれない」


その日の面談が終わった頃、管理職に電話がかかってくる場合もある。

「担任の先生のあの言い方はないと思います。ウチの子はそんなに悪いことはしないはずだし、話を聞いているといったいどこの子の話かと思いました。先生はウチの子のどこを見ているのでしょうか」

そもそも苦情がきた原因は、前年度の担任がありのままの事実を伝えていなかったからだ。ただ、その担任を責めるわけにはいかない。管理職の指示に従ってオブラートに包んで話をした結果、保護者に問題が伝わらなかっただけの話である。

今から十年以上前の話である。教室で保護者面談をしていた際、次の順番を待っている保護者を招き入れると、その保護者が心配そうな顔で尋ねてきた。

「先生。玄関のところで二つ前に面談されたお母さんが、ハンカチを手に泣いていますけど、いいんですか」

すぐには理由が思い浮かばなかったが、その日の面談を終えて振り返ると、多少思い当たるところはあった。子どもの学校での態度を問われたので、

「授業中、他の子にちょっかいを出して困らせていることがあります」

そう言っただけだ。もう一つ、学習の理解度を聞かれたので、

「主語・述語がきちんと使えていないので、彼の文章を読んでも意味がわからないときがあります」

「ああ、それなら思い当たるところがあります」

そんなやりとりをした程度だ。結果的には、この二つの指摘が受け入れがたいものだったらしい。

これから、どこまでソフトにしていけばいいのか、サービスするにも限界があると感じた瞬間であった。

保護者も友だち

子どもと教師のあいだだけでなく、保護者と教師のあいだにも友だち感覚を求められる場合がある。以前、ある保護者と若い教師（女性）の会話を聞いて驚いたことがある。

「ねえ、先生。今度、一緒に飲みに行きません？」

「いいですね」

「先生も学校だけだと滅入るだろうし、今は難しい保護者も多いから、どこかで発散しないとね」

「ホント。このまま学校だけだと婚期逃しちゃう」

「じゃあ、私が良い人紹介するわね」

「えっ、ホントですか。ヤッター」

こんな具合である。これではまるで友だち同士の会話だ。どうにも気になった私は、後日、彼女にこのときのことを聞いてみた。すると、彼女も決して好きでそんなふうにふるまっていたわけではないことがわかった。

「だって、保護者が友だち感覚を求めている以上、こちらも合わせないと角が立つじゃないですか。保護者と飲みに行きたいなんて思うわけないし、婚期を逃すなんて自虐的な台詞、自分でも言ってて嫌になります」

結局は、それもサービスの一環ということらしい。

本当なら、われわれ教師ももっと毅然としていたい。リフォーム会社を経営している友人が私の家にやってきたとき、たまたま電話でお客さんと話しているのを耳にした。

「えっ、ウチの出した金額が高いって言うなら、他の業者さんをあたってくださいよ。でもねえ、ウチほど良い仕事はしないはずですよ」

自分の仕事に自信を持った、何と堂々とした態度だろうか。風邪を引いて医者にかかると、主治医の先生がいつも断言する。

「処方箋のとおりにちゃんと薬を飲んでいれば、三日で治ります」

スパっと言いきる様子に、私は安心を得るのだ。長い付き合いでも馴れ合いはなく、つねにプロとしての自負が伝わってくる。

ひるがえって、われわれ教師はどうだろう。教師側がイニシアティブをとるのではなく、選択権はつねに保護者が握っている。相手が友だち感覚を求めるのであればそれに合わせ、一定の距離をとりたいタイプの保護者とは一線を画すという具合である。友だち感覚で迫

ってくる保護者に、

「その態度、止めていただけませんか」

とてもそんなことは言えないのである。そんなことを言おうものなら、いかに教師の態度が悪いか、またたく間に広がる結果となる。

以前、職員室にやってくる保護者のなかに、勝手に教頭の椅子に座り込んで携帯をいじる女性がいたことを思い出す。ＰＴＡの仕事で教頭を待っているとはいえ、あまりにも傍若無人な態度だった。

あるとき、教頭に注意できないものか尋ねた。

「そんなことをしたら、相手が気分を害するじゃないですか」

彼女の行為でまわりが気分を害されているのに、何を言っているのか。あるとき腹にすえかねて本人に注意したことがあった。

「すみません。そこは教頭の席です。立ってお待ちいただくか、あちらのパイプ椅子に座って待っていただくことはできませんか」

はじめは私が何を言っているのかわからなかったようだが、やがて理解したのだろう。眉間に皺を寄せ、憤懣《ふんまん》やるかたないという表情を浮かべて職員室を出て行った。当時はラインがまだ普及していなかったので、さいわい私の悪評が広まることはなかった。

ただ、これはきわめて例外的な事例である。現在の教育現場はあくまでもソフト路線が原則で、保護者に不快な思いをさせないように、できるかぎりの配慮をするという姿勢をとっている。

要望はすべて受け入れる

保護者の要望は、私たち一教師の要望よりはるかに通りやすい。

地球温暖化の影響で猛暑の日が増え、運動会の練習をしているときに子どもたちが暑さで倒れることがある。今でこそ子どもたちが水筒を持参するのは当たり前になっているが、少し前までは水筒を持ってくることが許可されない学校があった。学校には安全な水道があるので、それで事足りるというのだ。

「そうは言っても、冷たい水やスポーツ飲料のほうがいいじゃないですか」

そう職員会議で提案しても、

「あまりに冷たい水は体を冷やします。それに、過度な糖分の摂取は、体に良くないです」

と簡単に一蹴されていた。

それが保護者からの要望があったとたん、すぐさま水筒持参が許可されたのである。これにはさすがに驚いた。

「同じ正論でも、一教師の要望は議論もせずに却下し、保護者から要望があれば、簡単に許可するんですか」

と尋ねたが、その答えもまた私を驚かせた。

「教師が要望するのと、保護者が要望するのとでは、重みが違います。保護者を敵に回したら、学校は立ち行かなくなります」

できるだけ保護者の要望は受け入れるスタンスなのである。

水筒の持参などはきわめて真っ当な要求だが、どう考えてもおかしな要望が保護者から寄せられることもある。

「ウチの子が学校に行きたがらないので、毎日迎えにきてください」

担任のせいで不登校になったというわけではなく、入学して以来不登校が続いている家庭からの申し出である。私は別の方法を考えるべきだと思ったが、学校は承諾してしまった。担任教師は毎朝、早い時間に家を出て、勤務時間外の立ち寄りをする羽目になった。

「このままでは、担任の身がもたないでしょう」

ということで、しばらくして中止になったが、現在の学校は可能なかぎり保護者の要望をすべて受け入れようとするのだ。これは、どの学校でも基本姿勢であろう。

学校には驚くような要望が数多く寄せられる。

□生命保険に加入してほしい。
□近所に不良がたむろしているので何とかしてほしい。
□近所の人とトラブルが起きたので間に入ってほしい。

そんな学校教育に関係のないものから、

□修学旅行の日程を変えてほしい。
□学級劇でウチの子を主役に変えてほしい。
□給食の献立が気に入らないから給食費を払いたくない。

といった、学校教育に関係はあるが的はずれの要望まで、盛りだくさんである。

こうした要望の多くは、当然ながら丁重にお断りさせていただくことになるのだが、なかには学校が要望に従ってしまった事例もある。実際に、泣く泣く保険に入ったという話を聞いたときには、そこまでしないといけないのかとショックを受けた。

一部の保護者のなかには、学校は公的機関なのだから、あらゆる要望を受け入れる体制が整っていなければならないと考えている人がいる。たしかに学校は公的機関ではあるが、決して住民サービスのために存在するところではない。保護者にも、そして教師にも、学校は子どもを育てる教育機関だということを忘れてほしくはない。

気を使う連絡帳

教室に行くと、教卓に連絡帳が置かれていることがある（連絡帳とは学校と保護者のあいだで、連絡事項を伝え合うノートのことである）。連絡袋に入っている場合は欠席連絡の場合が多いが、袋に入っていない場合は要注意だ。何かしら、保護者からのメッセージが書かれている可能性があるからだ。全部がそうではないが、そのなかの一部は懸念したとおりのものが含まれる。

そういう連絡帳にどのような返事を書くか、教師たちは頭を悩ませている。教師になって三十五年が経つが、特にここ十年は他のクラスの担任から相談を受けることも多い。

「先生。こんな連絡帳がきたんですが……」

目を通してみると、要望や要求はじつに多岐にわたる。

□子どもがケガをした。もっと大切に扱ってほしかった。

□隣りの子と合わないので席を変えてほしい。
□次のクラス替えでは××さんと一緒にしてほしい。

なぜ返事に気を使うかというと、具体的な文字として、嫌な言い方をすると「証拠」として残るからだ。クラス替えの件について、

「承知しました。なるべくそうなるように配慮します」

不用意にそう書き、実際に実現しなかった場合は、連絡帳の文言をたてに、

「先生は約束を破った」

ということになる。だが、

「子どもというのは、いろいろなタイプの子にもまれながら成長していくものなので、長い目で見守っていきましょう」

と抽象的な内容で返したら、

「真意が伝わっていない」

ということで、再度連絡帳が届く可能性がある。したがって、

「承りましたが、多くの人数を調整することになりますので、ご要望に添えない場合もあります。その場合はご容赦ください」

などと教師はあくまでもソフト路線で、保護者の要望をむげに断らない姿勢に終始することになる。

ただ、それだけでは不十分だ。保護者のご機嫌をとるために、こんな追記をすることもある。

「ところで、○○さんですが、最近とてもよく勉強を頑張っています。この前の九九選手権では、堂々の一等賞です。きっと、お家でもたくさん練習したんでしょうね。学校でもたくさん褒めておきました」

涙ぐましいほどの配慮である。

ただ、難しい要望を突きつけられた場合はご機嫌とりも通じない。

「この前、○○君とケンカしたようですが、一方的にウチの子が悪いと決めつけられました。ただ、ケンカは両成敗。どちらか一方が極端に悪いということはないと思います。学校として、どのような指導をしたのか説明してほしいと思います」

こんな要望がくれば、その子が一方的に悪かったとしても、担任や学年職員だけの判断ではすまず、児童指導主任や管理職を含めての話し合いになり、どのような回答をするのか協議することになるのだ。場合によっては、授業時間をつぶしての話し合いになることもある。

本来、子ども同士のケンカの仲裁や裁定などは、教師の本業とはいえない。社会に出て困らないように、少しでも学力を高めることが教師の本分であるはずだ。だが、保護者が何とかしてほしいと望むかぎり、教師はそれに対応するサービスを提供しなければならない。

「先生になんてなりたくない」

という若者が増えているのも頷ける。小学校教員の採用試験の倍率が低下しているだけでなく、大学の教育学部への志願者数がここ十年で激減しているという事実は、大いに憂慮すべきことである。

些細なケガでもすぐ電話

今から二十五年前。長男が幼稚園に通っていたときのことだ。園庭でちょっと指をケガしてしまったことがある。たいして血も出ていない、ほんのかすり傷である。だが、幼稚園の対応は大ケガという扱いだった。

「お子様にケガをさせてしまい、大変申し訳ございません」

わざわざ園長が送迎バスに乗ってきて、深々と頭を下げて謝罪するだけにとどまらず、菓子折りまで置いていった。困ったのはこちらのほうだ。傷跡さえわからないほどなのに、まるでＶＩＰのような扱い。小学校とは違い、幼稚園というのは大変なのかなと思ったことを覚えている。

それから二十五年。さすがに菓子折りはないが、いまや小学校でも同様の対応をしている。ちょっとケガしただけで、念入りな消毒をし、手当てをしたという証拠が残るような処置をしている。もし頭部にケガなどしたら、

「かならず保護者に電話を入れるように！」

と厳しく言われている。なかには、どう見ても軽く机にぶつかったに過ぎない事例もあるのだが、

「それでも、首から上のケガについては保護者に電話連絡を！」

ということになっていて、慎重に慎重を期す対応が求められているのだ。

学校がそこまで神経質になる背景として、養護教諭が批判の的になってきたという経緯がある。このくらいなら平気だろうと思い、そのまま家に帰した結果、

「なぜ、病院に連れて行かなかったんですか」

などと怒鳴られる事態が増えてきたのだ。なかには、

「なぜ、救急車を呼ばなかったんですか。頭部のケガは、すぐに変化が出なくても、時間が経って容態が急変する場合があります」

学校が命を軽んじていると言わんばかりに詰め寄られたケースもある。

その結果、

「たいしたことはありません」

と学校が判断するようなことはせず、あくまでも保護者目線で対応することが原則になっている。まさに過剰なサービス精神といえるのだが、本当に、子どもがコツっと壁に当たった程度で、「病院へ行こう!」ということになっているのだ。

この状況には、医者も閉口しているという。

「聞いただけで、絶対に何でもないと言えるのに……。学校の先生も大変ですね」

人間の体は、ちょっと何かにぶつかっただけで壊れるほどヤワじゃないというのだ。私もそのとおりだと思う。そんなことで命の危機と騒いでいるようでは、長い人生、いくつ命があっても足りるものではない。知り合いの整形外科医はさらに言う。

「最近、ちょっとどこかが痛いという程度で来院する子どもが多いんですよ。一応、レントゲンは撮ってみますが、どう調べても痛い理由がないんです。まあ、痛い気がした程度でも、大変なことが起こったと思うのでしょうね」

大人がささいなことで大騒ぎしてきた結果、自分がケガをしたのかどうかの区別がつかなくなってきたこと自体が問題だと私は感じている。つまり、自分の体の状態を知る「生きる力」を大人が奪ってしまったのだ。

だが、今の学校にはこの状況を改善する気力は残っていない。じつは大変なケガだったらどうしようという強迫観念、対応の不手際を責められたらどうしようという恐怖から、石橋を叩いて対応するといった姿勢を堅持するしかないのだ。子どもたちの将来のために、たくましさを身につけさせようという発想など持ちようもない。一部の保護者が要求する「サービス」を、あまねく全員に行きわたらせるしかないのだ。

もちろん些細なケンカも……

私が教師になった三十五年前。子ども同士のケンカがあっても、大きなケガに発展しないかぎり、学校側が保護者に電話するようなことはなかった。子どものケンカに大人は口出ししないというスタンスをとっていたからだ。イジメにつながらないかぎり、ケンカという課題を子どもの手で乗り越えてほしいと願っていたからでもある。

それが今では、些細なケンカでも電話連絡するようになった。ケンカは大事《おおごと》だというイメージを持つ保護者が増えたからだ。

知らずに放置してしまうと、

「先生は、子どもたちの様子を見ていないんですか」

と予想もしていなかったお叱りを受けることもある。こうした事例が増えてくると、学校も自衛の措置として、

「どんな小さなケンカでも保護者に連絡しましょう」

ということになってきたのである。

もっとも、電話の内容にも相当気を使う。明らかに一方に非があったとしても、

「ケンカに発展したのは、おたくのお子さんから仕掛けた結果です。先に手を出したのも、おたくのお子さんです」

などとは言えない。本当ならそう言いたいところだが、やはりオブラートに包み、ソフトに伝えることが求められる。

「ケンカというのは片方からだけで起きるものではありません。今回ここまでになったのは、○○君も我慢できない理由があったのでしょう。ただ、手を出すのはケガにつながるので止めようねと話しておきました」

これでも不十分で、

「担任として監督が至らなかった部分については、お詫びいたします」

などと教師自身もへりくだって保護者に謝るケースが多々見られる。些細な子ども同士のケンカでも、背後の保護者を意識した神経戦が発生するのだ。

そこまで大変なら、わざわざ電話しなくてもいいのではないかという考えもあろう。それですめば、苦労はない。だがもし家に帰った子どもが、

「今日、○○ちゃんとケンカした。ぶたれて痛かった」

となれば、保護者から学校に、

「どうして連絡してくれなかったんですか！」

というクレームがきかねないのだ。相手の保護者から謝罪の電話があってはじめてわが子のケンカを知った保護者は、「学校は大切なことを教えてくれなかった」と思うかもしれない。そんなリスクを負うのであれば、どんな些細なケンカでも連絡しようということになるわけだ。

本来、ケンカを通して心や体の痛みを知る子どももいる。ただ、それがいちいち大事になるのなら、なるべく友だちと揉めないように、子どもなりの防御線を張る習慣が生まれてしまう。私はあまり健全な姿ではないと思う。

もっとも、ある保護者に言われたことがある。

「ケンカもイケナイ、ケガをする可能性がある遊びもイケナイとなったら、子どもたちはいったいどこで、どうやって、痛みを知る経験をするのでしょう？」

私も、そのとおりだと思う。だが、こういう保護者は多くはない。接客業化が進んだ現

在の学校で、教師が軽々しく、

「時にケンカも必要でしょう」

とは言えないのだ。

家庭には立ち入らない

昔の教師は、生徒の家庭に立ち入ることが少なからずあった。何か問題が起こると、

「今から行きます！」

担任の先生が生徒の家に駆けつけるなんてことは、決して珍しくなかったのだ。警察官の代わりというほどではないが、

「学校の先生がくるって言うならしかたない」

そんな意識が多くの人の心に根づいていた。生徒の家庭にやってきた先生がそのままともに夕食をとり、ビールを飲んで帰るという、今にしてみれば信じられない光景もあった。家庭訪問でも、最後の訪問先で夕食が準備されていることがよくあったとも聞く。午後の授業が短縮になり、担任教師が自転車で学区を走る様子を心躍らせて見たことを覚えている。

だが今や、多くの学校で家庭訪問そのものがなくなってしまった。

「先生が家にくるのは、面倒だから……」

保護者からそんな要望が寄せられるようになったからだ。

「もうすぐ家庭訪問で先生がくるから、ウチのママ、すっごく掃除してるよ」

季節の風物詩のように聞かれた台詞も、いつしか消えた。

家庭訪問を復活させたいと言っているわけではない。教室で面談したほうが、担任としても楽に決まっている。ただ、教師が生徒の家を訪れることがなくなって、失われたものはたしかにある。それぞれの家庭が閉鎖的になった感じは否めない。物理的にというだけでなく、精神的な意味でも、

「ウチはウチだから、干渉しないでほしい」

という声なきメッセージを感じるようになったのである。

子どもが問題行動を起こした場合、それが深刻なものであれば保護者に来校していただくことがある。電話での説明では、誤解が生じる懸念があるからだ。面と向かって、目と目を合わせ、保護者に事の詳細を報告していく。一通りの説明が終わると、最後に再発防止策として今後の方針を提示するわけだが、ここでも立ち入ったことを言いにくい。

たとえば、万引きが見つかった場合、

「お金の管理・教育は、ご家庭でしっかりお願いしたい」

本来ならそう言いたいところだが、

「これからも、しっかり○○君の様子を見守っていきましょう」

程度の甘い言い方になってしまう。あくまでもソフトに言わないと、

「ウチはちゃんとやっています。先生にそこまで言われる筋合いはありません」

と論点がずれる可能性があるからだ。

また放課後、職員室の電話が鳴り、

「すぐに担任の先生にお会いしたい」

ということで、保護者が突然来校する場合もある。

「ウチの子が見慣れない物を持っていたから問いつめてみると、○○君に万引きするように命令されたようなんです。何とかしてください」

実際に強要されて万引きしたという例もあるが、言い逃れのために同級生のせいにしている場合もある。そういう場合は、やはりソフトに伝えていく。

「申し訳ございませんが、二人から事情を聞いてみたところ、だいぶ違うところがありました。万引きを強要したのは、○○君ではなく……」

教師は低姿勢を貫いて事実を伝えるだけで、家庭の教育方針について口を出すのはタブーとなっている。顧客的存在である保護者が、それを望んでいないからだ。望まれないサ

ービスは提供しないのが接客業の基本である。

こういう事例では、担任としては大いにモヤモヤが残るのだが、

「まあ、きちんと事実を保護者に伝えられたのだから、それで良かったんじゃないですか」

というところで一件落着にせざるをえないのだ。

3——「ウチの子を一番で」という要望

苦情には反論しない

幼稚園の発表会で桃太郎の劇を行うと決定したら、

「うちの子は、なぜ桃太郎の役をやらせてもらえないのか」

という苦情の電話が殺到し、幼稚園側は、園児全員が桃太郎で劇をやるという対応をとったという話を聞いたことがある。

はじめは何かの冗談かと思ったが、どうやら実話らしい。幼稚園側の判断にいたる経緯を考えたとき、苦渋の決断であったと推察できる。園長も先生たちも、決して良しとはしていなかったはずだ。保護者へのサービスという観点から考えたとき、

「何を言っているんですか！」

と毅然と反論できなかったのだ。おそらく、子どもたちには自分が主役でないことへの不満などあまりなかっただろう。保護者の不満に園側が過剰に反応したのである。

これは、わが子の小学校の運動会に行ったときの話だ。プログラムは中学年の徒競走になり、多くの保護者がゴールテープを切る位置に陣取っていた。ピストルの音とともに六人が駆け出し、ゴール目がけて全力で飛び込んでくる。親にとっては、最高のシャッターチャンスといえよう。そのときである。

「どけ、ブタ！」

私の隣りから大きな声が聞こえてきた。はじめは言葉の意味がわからなかったが、続いて出た一言で彼の言いたいことを理解できた。

「おまえが邪魔で、ウチの子が見えないんだよ！」

その声は、間違いなくゴール付近で決勝審判をしている女性教師に向けられていた。彼女はやや腰を曲げて屈《かが》む様子を見せたので、そのとんでもない罵声は耳に届いていたのだろう。ここまでくると、人権問題である。だが、彼女は何の反論もせず、自分が屈んで見やすくするという「サービス」を提供したのである。

学校の音楽会をめぐっても、とんでもない話を耳にしたことがある。廊下に掲示してある音楽会の写真を買おうとした保護者が、こんなことを言ったらしい。

「指揮してる先生が邪魔で、ウチの子が半分しか見えていない」

他にもその子が写っている写真は何枚もあったというが、保護者がたまたま気に入った写真が、その一枚だったのだろう。

指揮者が邪魔だというのは、音楽会そのものに対する冒とくだと思うが、

「すみません」

その教師は謝罪したという。その場を丸く収めるためだ。

教師は、自分さえ我慢すれば揉めごとにならないと判断したとき、基本的に反論しない。もし反論したら、何を言われるかもわかっているからだ。

この音楽会の事例なら、

「じゃあ、先生は子どもより自分のほうが大切なんですか」

反論しても、良いことなどないのだ。一部の身勝手な保護者は、おそらくそのことを感知している。その結果、人権無視ともいえる歪《いびつ》なサービスの提供が求められるのである。

非常識でも注意しない

ここ数年、小学校の入学式の日に何度も異様な光景を目にした。体育館での入学式が終わり、教室に戻ってはじめての学級活動に参加するときのことだ。担任教師が教卓に立ち、

担任としての第一声をあげる。

「みなさん、ご入学おめでとうございます。今日から、みなさんは、この教室で小学校の生活をスタートさせることになります」

子どもたちに丁寧に語りかけている教師のそのすぐ横に、保護者が立っているのだ。知らない人間が見たら、担任が二人いると勘違いするだろう。双方の肩が触れそうな至近距離に、何の躊躇もなく立っている。そこがわが子の顔を一番見やすい場所で、写真が撮りやすい場所だからだ。フォローでついていた別の教師が、

「すみません。ここに立たれますと、子どもたちが困りますので……」

低姿勢でお願いすると、何でそんなことを言われるのかわからないという態度で、担任から少しだけ離れたが、相変わらず教室の前方に立ちカメラを構えていた。他の教師も、それ以上は注意しなかった。

これはかなり以前の話になるが、運動会の場所とりに関する事例だ。小学校の運動会では保護者の場所とりに関して時間指定をすることが多く、その学校では朝の七時に開門し、一斉に場所を確保するという決まりを作っていた。もちろん、多くの保護者がそれを守り、早い保護者になると朝の三時から並んでいたという。

「七時の開門が近いから、そろそろ校庭で準備をしようか」

職員室から校庭に数人で向かうと、保護者から声がかかった。

「先生。あそこにシートが敷いてあるんだけど、あれって反則じゃないの？」

指差す方向に目をやると、徒競走のゴール付近にシートが二つ並べられていた。おそらく、前日の夜に敷いたものだろう。

「わかりました。撤去しておきます」

そう言ってシートを片づけようとすると、校長から待ったがかかった。理由を尋ねると、

「たしかにルールに反してはいますが、何とか良い場所を確保したいという保護者の気持ちは理解できます。杓子定規に撤去するのではなく、『特等席』から少し離れた場所に移すということにしましょう。そうすれば、きちんと約束を守っている保護者も納得できるし、シートを敷いた保護者もわかってくれるはずです。双方納得するようなかたちが、学校には必要なのです」

いくらシートの位置をずらしたからといって、きちんとルールを守って開門前に並んでいる保護者が納得するとは思えなかった。

「違反なんだから、完全撤去だよね」

実際、朝七時に正門が開き、場所を確保した保護者からは正論を言われたのだ。

ちょうどそのとき、ビニールシートで場所とりしていた保護者がやってきたのだが、校

長は注意しなかった。それどころか、

「時間前に敷いてあったので、他の保護者の手前、ちょっとずらしてしまいました」

と配慮する姿勢を見せていた。

ある日、スーパーマーケットで買い物をしていたとき、驚くべき光景を目にした。レジを通す前の買い物カゴのなかに、飲み終わったジュースのペットボトルが入っているのだ。子どもが買う前に中身を飲み、入れ物だけカゴに入れていたのである。

親子は私の前に並んで、レジの順番を待っていた。その親子の番になるとレジ係の女性は、いぶかる様子も見せず、淡々とペットボトルを購入済みのカゴに移した。

「商品はお金を払ってから飲むようにしてください」

とお願いするという選択肢は彼女にはないのだろう。お店において、お客様は神様だ。

学校は正しいこととは何か、子どもたちに教える場でもあるはずだが、残念ながら、子どもたちに注意することすらも躊躇しはじめているように感じる。ペットボトルの例のように、注意しなければそこで諍《いさか》いが起こることはない。学校や教師が同じような発想に陥っているとしたら、歪なサービスが蔓延していることになる。

身勝手な要求にも対応する

担任教師が気を使うことの一つが、代表児童を選考する各種の行事である。運動会のリレー選手や音楽会や卒業式のピアノ伴奏などがそうだ。選考過程が透明で、誰もが納得するかたちで決めなければならない。少しでも隙があると、理不尽ともいえる要望が突きつけられるからだ。

ある学校でのリレー選手選考でのこと。その日は欠席者もなく、全員が無事に走れたので、問題なく選手が決まると思っていた。その日のうちに決定した選手を発表し、元気に子どもたちは帰って行ったという。

ところが、夕方になって職員室の電話が鳴った。

「ウチの子がリレー選手になれなかったのは、履いていた靴が悪かったからなんです。先生が事前に言ってくれていれば、ちゃんとした靴を履かせていました」

子どもたちには事前に伝えていたことを告げても、納得しなかったという。

「子どもたちに言っても聞き漏らす場合があるでしょ。便りを配って、保護者に連絡を徹底すべきだったのではないですか」

何という身勝手な要求かと思われるかもしれないが、この一本の電話で学校は関係者が会議を開き、もう一度選考をやり直すことになったという。

「それで、結果が違ったら大変じゃなかったの？」

この担任に話を聞いてみると、再選考で何とか事が収まったらしい。もともと選手に決まっていた子どもが一人補欠に回ることになったが、その家庭からは特に苦情はこなかったという。

「もし、きていたらどうしたの？」

と聞いてみたが、そこまで考える余裕はなかったという。結果が出たところで、保護者の反応を待とうということだったらしい。

音楽会のピアノ伴奏者の選考でもよく揉めごとが起こる。何人もの教師が入って選考にあたっても、

「選考結果に納得できない」

と言う保護者がいるのだ。あげくの果てには、

「選考基準を示してほしい」

と言ってくる。音楽会の伴奏程度のことで、そこまで要求されることがあるのだ。その保護者には、音楽会程度の位置付けではないのだろう。時に苦情はいつまでも続く。

結果を覆すことはできないので、普通ならそこで電話を切ればいいと思うだろう。だが、学校は保護者を敵に回すことなどできない。とうてい、受け入れられない要求にも、

「何とかしましょう」

となるのだ。その学校では、歌う曲をもう一曲増やし、その子どもを選ぶように配慮したという。無事に保護者の願いがかなったというわけである。

サービス業の店舗に関するレビューを読むと、こんな文字が躍っている。

「どんなワガママにも、親身に対応してくれます」

「どんなワガママも、言ってみると検討してくれます」

そして、そういう店舗ほど、高い評価が付けられている。今の時代、飲食店もケーキ屋も結婚式場も学校も、すべて一緒くたの評価の対象になっているのだろう。

「ありがとうございました」

わが子がピアノの伴奏者に選ばれた保護者は担任にそう言ったというが、どこかに、してもらって当然ですよねという空気を感じたという。

話を盛って持ち上げる

保護者との面談を終え、職員室に戻ってきた同僚からこんな愚痴を聞かされた。

「席に着くと、いきなり『ウチの子、良い子でしょう』から始まったんです。相槌を打ちましたが、それでは足りなかったのか、ウチの子がクラスで一番良いところを挙げてほしいというんです」

良いところを挙げることはできても、何がクラスで一番なのかと急に問われれば、答えに窮して当たり前だ

「掃除も給食当番もとてもよくやってくれます。授業中もあれだけ集中して疲れないのかと思うくらい、よく頑張っています」

「それって、一番ですか」

重ねて問われても、断定するのは難しい。他の保護者に、

「ウチの子が一番だって言われちゃって……」

となったら、今度は別の保護者から苦情がくる可能性もあるからだ。こうなると教師は言質を与えないように注意しつつ、話を盛るしか方法はない。

「あれだけ隅々まで掃除をやるような子は、他にはあまりいません。ご家庭でもきちんと育てられているのでしょうね。給食当番をしても、いつも真っ先に着替えて並んでくれます。遅れて迷惑をかけたらいけないと思える子なんです。あんなに素直な子は、なかなかいないと思います」

彼が疲労困憊といった様子で面談から戻ってきたのもよくわかった。

通知票を配付する終業式の日は、保護者から成績に関する「質問」がくる可能性を考え、どの担任もかならず遅くまで学校にいるようにしている。

「国語の興味関心がBだったんですが、ウチの子の頑張りだったらAが妥当だと思うんです。どうなんですか」

面と向かって話すのであれば、具体的に説明できるが、電話で細かい話をすると誤解を生む懸念がある。どう考えても「B」が妥当でも、そこはやはり話を盛るケースが多いように感じられる。

「今、成績の控えを見ていますが、ご指摘のとおりよく頑張っていますね。ただ、提出したノートで数回書ききれていない部分があって……。感触としてはAに近いんですが、今回は悩んだ末にBとしました。まあ、ここはクラスでもあまりAを付けていないので、次の学期に期待しているところです」

「A」には届かなかったものの、本当に惜しかったというメッセージや苦渋の決断であったことを伝え、その子が優秀なのは揺るがないという印象を保護者に与えるのである。かなり話を盛っているが、保護者側がウチの子が一番というスタンスできている以上、むげに対応したら、

「じゃあ、すべての評価資料を見せてください」

ということにもなりかねないし、そんなことになったらあまりに面倒だ。

どの親もわが子が一番かわいいと思っている。それは、当然だし、親の姿勢としてはそ

れで間違っていないと思う。ただ困るのは、共感役を教師に求めてくることだ。教師の側はその求めを断れない。そんなことをしたら、

「子どものことを考えてくれない、冷たい担任だ」

という評判が広がってしまう。それでやむなく、できるだけ話を盛って子どもを褒めるという作戦に出るのだ。

時に誇張しすぎたり事実と異なったりもするだろうが、「サービス業」であるのならば、それもしかたがないことなのかもしれない。

良き理解者という仮面

学級劇の配役について苦情をもらった同僚がいた。案の定というか、予期していたことではあったようだが、主役になれなかった子どもの保護者から電話がきたという。

「この劇の主役には、絶対にウチの子が合っていたと思うんです。ただ、立候補しなかったから脇役になったみたいで……。主役か主役に近い役に今から変更してもらうことはできませんか」

できれば、と言いながら、有無を言わせぬ口調にたじろいだという。ただ、練習が始まっている以上、今さら役を変更することはできない。だが、むげに断るのも角が立つ。そ

こで、彼はこう伝えた。

「○○君は、ふだんからクラスのリーダーとして活躍しています。私の推測ですが、主役に立候補すれば自分がなれるという気持ちがあったのではないでしょうか。それで、もし主役の座を得れば、活躍の場を自分一人が独占してしまう。だから、今度は他の子にチャンスをあげようと思ったのではないでしょうか。主役にならなかったのは、あの子なりの配慮だと思います」

ここまで言われれば、保護者も悪い気はしない。

「まあ、先生がそこまでわかっていてくださるので、私も納得しました。ウチの子らしい判断だったと思います」

電話してきたときの剣幕は消え、電話ごしにも相好を崩しているのがわかるような様子だったという。

私自身も、若い頃に困った体験があった。授業参観を止めてほしいというのだ。

「仕事の関係で、どうしても授業参観には行けません。他の方はきっといらっしゃっているでしょうから、ウチの子だけかわいそうじゃないですか。子どもに肩身の狭い思いをさせるくらいなら、思いきって参観そのものを止めていただけませんか」

彼女自身、おそらく学校全体で行っている授業参観をとり止めることなど、無理だと理屈ではわかっていたはずだ。わかってはいても、わが子のことを考えると言わずにはいられなかったのだろう。

私も良き理解者を演じるしかなかった。

「おっしゃっていることは、よくわかります。お忙しい仕事をしていると、どうしても参観にはこられないということもありますよね。ただ、あの子のことなら心配しないでいいと思います。授業参観だろうが、ふだんの授業だろうが、変わらずよくやりますよ。それに、家の人がこないからといって、落ち込むほどヤワな子でもありません。そう育てたのはお母さんだから、自慢に思っていいと感じますよ」

「まあ、それはそうでしょうけど……」

ということで、この話は終わりになった。

保護者も、担任の教師がわが子の良き理解者であるかぎり敵に回したくはない。そんなことをしたら、わが子にとって大きな損になるからだ。教師はそこをわかっていて、その役回りを演じているのだ。

「えっ、それって姑息じゃないの」

そんな声が聞こえてきそうだが、現実問題として、いきり立つ保護者を落ち着かせるためには、致し方のない措置である。

保護者の「ウチの子を一番に考えてほしい」という要求に対して、教師はその意思を最大限尊重する姿勢をとり続ける以外の選択肢を失っている。今や学校は、そんなギリギリのところに立たされている。

第2章 消えた熱血教師

私が小中学生だった頃、テレビでは学園ものドラマが大流行だった。中村雅俊さん主演の『われら青春！』（一九七四年放映）では、毎回のように出てくる決め台詞、「涙は心の汗だ」に心ときめいたものだ。顧問の先生と部員とが一つのラグビーボールを追いかけ、青春とは何なのか問いかける作品だった。中村雅俊さん演じる教師は生徒たちの優しさに涙し、時に猛烈に感情をぶつけ、「生きること＝熱くなること」と訴えかけているような気がした。熱くなければ教師でないと言っているかのようでもあった。

たとえば、仲間を見捨てた生徒たちに、彼はこんな言葉をぶつけている。

「おまえたちはクズだ。友だちが殴られているのを黙って見てる奴なんて、人間のクズだ。おまえたちの友情ってのはそんなものなのか。ただ集まって、ワイワイしているだけの友だちなのか。頭にきた、もうそんな奴らと何もしたくない」

そう言って、涙で顔をグジャグジャにするのだ。言うなれば熱さこそ「やる気」の象徴だと考えられていた時代である。

実際、この時代の教師たちは熱かった。高度成長時代で、その時流にも乗っていたのだろう。

「わからなければ、わかるまで教えてやる！」

「それでも出て行くなら、俺を殴ってから行け！」

そんな時代だ。当時は、そんな感覚が社会全体を包んでいたので、誰もその熱さに違和感を持っていなかった。だが当時の教師がタイムスリップして、二〇二〇年の学校にやってきたらどうだろう。教育委員会に訴えられるか、生徒・保護者にドン引きされるかのどちらかだろう。

四十年以上前の学園ドラマの話を持ち出すのは時代錯誤かもしれない。今や、教師が感情的になったり熱く語ったりすることがタブー視されている時代である。

「先生の剣幕がすごくて、子どもが怖がっています」

「子どもが先生の話が長いって言ってます」

こんなことで、教師は批判の対象となるのだ。

1――「なるべく大声を出さないでください」リスキーな熱血指導

教師をしていると、保護者だけでなく地域にも配慮しなければならない。気をつけなければならないのは、運動会の練習でマイクの声が校庭に流れるときだ。

「声や音楽が大きすぎる！」

という苦情は、たしかにもっともだと思う。あまりにマイクの音量が大きいと、電話や会話の音が聞きとりにくいという高齢者も存在するからだ。学校としても、そこは当然配慮しなければならない。

ただ、難しいのは、子どもへの指導に対する注文が入るときである。校庭から先生の声もよく聞こえるのだろう。

「そんな熱い指導では、子どもたちはついてきません」

地域の方にお叱りの電話を受ける場合もある。そうすると、職員室に戻ってから、管理職から音量を落とすように、また言葉に気をつけるようにという要請が出る。最近は校庭でもマイクを使わず、地声で子どもたちを指導する教師がいるが、じつはそうした事情もあるのだ。

声が大きくて元気の良い先生というのは、学校に何人かはいてほしい存在である。そうした若手がいると、学校に活気が出てくる。

「先輩。頑張りましょう」

なんて言われると、他の教師もワクワクしてくるものだ。そういう若い先生に「なるべく大声を出さないでください」とお願いしているようでは、職場全体が萎縮してしまう。

実際、今の学校では、

「目立たないのが一番です」

という空気が支配的で、教師たちも縮こまっているように見える。

失われた「俺についてこい」

「俺についてこい」

一九六四年、東京オリンピックで全日本女子バレーボールチームを金メダルに導いた、大松博文監督の名台詞だ。監督は、その過酷な練習で「鬼の大松」とも呼ばれていた。典型的なスパルタ指導で結果を出した指導者だ。

今や大松監督の名台詞もすっかり過去のものになった。そして、それにつれて会社でもこんな言葉が消えてきたという。

「僕に任せてください」

企業勤めの中学校時代の友人が、部内で新規の仕事を誰かやらないか呼びかけたところ、みんな一斉に下を向いたというのだ。

「こんなに忙しいのに無理ですって言うのならまだわかるけど、一斉に下を向くんだぜ。学校で困ったときには下を向くように教えてるんじゃないだろうな」

反論したかったが、返す言葉がなかった。

実際、学校では現在、いかに子どもたちの主体性を伸ばすかが課題になっている。学校改革の先頭に立つ工藤勇一氏も、みずから学習し将来を切り拓く力は「自律」であるとし、大人が手を掛けすぎて子どもが伸びようとする力を阻害しないようにと警鐘を鳴らしている。

たしかに、自律はこれからの時代に不可欠な要素であるが、それと同時に重要なのが子どもたちを支えるまわりの大人たちの生き方だと思う。子どもは憧れる大人をモデリングして、

「こんな人になりたい」

と思うものだ。それが歴史上の人物でも、プロスポーツ選手でもかまわないが、一人くらいは身近な大人のなかにいるといい。身近にモデルがあれば、現実感をともなって将来像を描くことができるからだ。

ところで、子どもはどんな大人に憧れるのだろうか。二〇一九年、カンコー学生服が全国の中高校生の男女千人に「学校の先生になってほしい著名人」を調査している。

男性部門の一位はイチローさんで、「日本人として世界で頑張っているから」「努力家だから」「自分の考えを持っている」「尊敬できる」という理由で圧倒的多数に支持されている。

二位は菅田将暉《すだまさき》さんでドラマのイメージが影響したようだが、三位の松岡修造さんは、「元気をもらえそう」「熱血指導してくれそうだから」「励ましてくれて何でも前向きに頑張れそうだから」など熱血でポジティブな人柄が人気なようなのだ。

女性部門では一位に深田恭子さん、三位には綾瀬はるかさんと人気女優が入っているが、二位には吉田沙保里さんがランクインしている。「強くておもしろそう」「素晴らしい選手だから」「尊敬できる」「裏表がなさそう」といった選手時代の業績やその人柄が支持されているということだった。

じつは私は、ちょっと違う顔ぶれがランクインするのではないかと思っていたのだが、実際には「生き方が尊敬できる人」や「熱血漢」として知られる著名人が選ばれていることに驚いた。

そして同時に、この結果は子どもたちが、自分たちの担任教師を見て、

「何かが足りないのでは……」

と感じている現状が反映されているような気もした。

やはり、これからの時代に必要な主体性、自律、自立などを目指していくためには、モデルとなる担任や身近な大人が憧れられる存在である必要があると思うのだ。

たしかに「俺についてこい」という昭和的な感覚は古臭いかもしれない。ただ、この言葉に込められていた情熱まで過去のものとして捨て去ることには、ためらいを感じてしまう。

実際、現在の教師のキャラクターを見ると、圧倒的な存在感を放つタイプは見当たらず、

「みなさん、何かお手伝いできることはありませんか」

という謙虚で低姿勢な先生が目立つ。子どもたちを主役にするため、あえて脇役を買って出ているともいえるが、学校の存在理由を考えたとき、教師の明確なリーダーシップは不可欠なはずだ。子どもたちから、

「何か、熱くてウザい」

という声が聞こえてくる一方で、魅力的でもある。そういう教師が求められている時代でもあると思う。少なくとも「学校の先生になってほしい著名人」の調査結果からは、子どもたちのそういう渇望感が見てとれるのだ。

鬼塚先生は懲戒免職

テレビドラマ『GTO』は、一九九八年に反町隆史さん主演でスタートし、二〇一二年のリメイク版ではEXILEのアキラさんが主演を務めている。どちらも大筋は同じで、伝説の元・暴走族リーダーが臨時採用の教師になるという破天荒な設定の物語だ。主人公が型破りな方法で問題を解決し、その過程で生徒の信頼を得ていくという定番的な内容であるが、そこがドラマの売りでもある。

だが、もし現場の教師がこの主人公のようなことをしたら、即刻懲戒免職である。

たとえば主人公の鬼塚栄吉は、家庭が崩壊した生徒の家をハンマー持参で訪れると、突然書斎の壁を壊しはじめる。家族のあいだに敷居なんていらないと訴えるためだ。穴の開いた壁から生徒を見つめると、

「こっから先は　おまえしだいだぜ」

見ている視聴者は痛快だろうが、もしこれを現実にやったら不法侵入及び器物損壊の現行犯逮捕である。

わが子の様子がおかしいと訴える保護者に対しては、

「ガキはよー、親に信用されねーのが、一番傷つくんだぞ。バカヤロウ！」

と啖呵《たんか》を切る。実際にこんなことを言ったら、学校側が緊急保護者会を開き謝罪する事態に追い込まれるだろう。鬼塚先生は、間違いなく懲戒免職に追い込まれるか、批判を浴びて居づらくなり職場を去るに違いない。

学園ものドラマというのは職業柄身につまされることが多く、なるべく見ないようにしている。ただ、『ＧＴＯ』まで行ってしまえばまったく現実感がなく、世の学校に対する意識を知るうえでも役に立つだろうと思い、全話をテレビで視聴した。そこで感じたのは、生徒だけでなく世の大人たちが熱さに飢えているのではないかということだ。

「テメエら……」

と言われて反発する生徒たちも、やがて自分のために体を張ってくれる鬼塚先生に共感していく。自分の都合で子どもを放っておく親には、

「親ってのはな、子供が一番最初に出会う教師なんだよ。子どもはな、親から最初に愛ってもんを学ぶんだよ」

と叱咤激励する。

鬼塚の熱い生き方に、生徒も親も感化されていく。このドラマが人気を博したということは、つまりテレビを見ている子どもも大人も、じつは熱さや愛に飢えているということではないだろうか。

担任の教師に対して、

「先生のやり方は強引すぎます」

と言っている保護者自身が、じつは強力な指導力を求めている可能性もあるのだ。

とはいえ現実には熱さを前面に出すのは、リスクが大きすぎる。子どもに気合いを入れたつもりが、

「先生が強いこと言うから、ウチの子、学校に行きたくないって言ってます」

裏目に出ることのほうが多いだろう。

「親の言うことなんて聞くな。自分の人生、自分で切り拓け」

格好よく決めたつもりでも、翌日には、

「先生は親でもないのに、無責任に子どもの人生を弄《もてあそ》ぶようなことを言うんですか」

厳しいお叱りがくるのは必至だ。

鬼名先生は何とか懲戒免職にならずドラマの最後まで勤め上げたが、実際の教師の場合、

そうはいかないはずだ。

たとえば、学校以外の場所で子どもと遊ぶという行為に対しても、

「わざわざ、ありがとうございます」

と感謝されることもあれば、

「学校外での付き合いはやりすぎだと思います」

と否定的な反応が出てくることもある。そして両方の可能性があるとしたら、教師は支障のないほうを選ぶしかない。熱血指導は過去の遺物で、ドラマのなかでしか存在しえないのかもしれない。

消えゆく名物教師

二〇一三年、百一歳でその生涯を閉じた橋本武先生（元・灘中学校国語科教師）は、教科書を使わず、中学の三年間をかけて中勘助の『銀の匙《さじ》』を一冊読み上げるという国語の授業を実践していたことで知られている。

「一冊の本で、しかも一つの作品で……」

学者のなかには批判する者も多くいたようだが、東大合格者数の激増や生徒からの大反響により、伝説の授業は続けられたという。

尾木ママこと尾木直樹氏は、今ではタレントとして知られる存在だろうが、じつは公立中学校や私立高校の国語科教師だった。生徒が十五歳の誕生日を迎えるとき、その子に合うであろう本を選んで贈っていたという。どんな本がその子に合うのか一か月かけて考え、渡していたという。今だったら、

「生徒に自費で購入した物を渡すなんて……」

苦情がきそうな取り組みである。一人ひとり購入する図書の金額が異なり、

「ウチの子は、もっとも安価な本を渡された」

逆恨みを受ける可能性すらある。

私が中学校のときの先生方を思い出しても、多くの名物教師がいた。英語の先生は、タクトを持ち、教卓を叩きながらアクセントの強め方を教えていた。独特のリズムは音楽のようであり、お経のようでもあった。

社会の先生は、やたら気合いを入れて板書するので、一時間の授業で何本もチョークが折れた。生徒が欠伸《あくび》をしていると、折れたチョークを投げることがあり、生徒たちは瞬間的に避ける技術が必要とされた。一度、私が上手に避けたせいで、後ろの女の子の顔面に当たってしまったこともあるが、

「男はいちいち避けるな」

訳のわからない論理で一喝された。

理科のオバチャン先生は噂話が好きで、教科書を開く前に最近耳にした学校内の噂が本当かどうか生徒たちに確認してから授業に入っていた。良くも悪くも、名物と言われる教師はどの学校にも数人はいたと思う。

だが、最近では、こんな名物教師がいるという噂を耳にしなくなった。ある保護者にこんなことを言われたことがある。

「何か、最近の先生って、悪すぎるという方もいない代わりに、良いなという方も減ってきたように感じます。もっとはっきり言うと、どの先生も個性がなくて、同じように見えるっていうか、変わらないっていうか……。何か、学校全体でやり方や考え方をそろえるようにしているんですか」

私はあえてこう答えた。

「どの教師も個性や特性があるし、一人ひとりみんな違います。ただ、あまり自分という ものを出しすぎると、スタンドプレーと言われたり、まわりとの歩調が合っていないと批判されたりするので、なるべく自分自身を出さないようにしているのではないでしょうか。もっとはっきり言うと、目立つ教師に対して保護者が苦情を重ねた結果、没個性になってしまったと考えられるのではないでしょうか」

圧倒的な個性を持った人間というものは、見ていて接していて楽しいものだ。だが、職場の現実はなかなか厳しいものがある。たとえば、

「コンプライアンス」「ガバナンス」「ハラスメント」……

など、少しでも出そうになった杭を打つための言葉があまた用意されている。

学校におけるマネジメントを否定するつもりはないし、基本的人権を軽視するつもりもない。ただ、現在のような相互監視が行きすぎると失われるものも大きいのではないかと警鐘を鳴らしたいのだ。

学校から名物教師がいなくなるのと同時に、かつては地域にたくさんいた「名物おじさん」もいなくなってしまった。地域の方たちはなるべく子どもたちに干渉しなくなっているのだ。

「せっかく注意しても、よけいなお世話だって言われるんなら止めるよ」

ということになってしまった。この状況に寂しさ以上に危機感を感じているのは、私だけだろうか。

孤立する教師と学校

体罰は論外だが、熱血指導はおおいに「アリ」だと私は思っている。一歩を踏み出す勇

気がない子どもに、

「君なら、きっとできるよ！」

と応援する、松岡修造さんのような担任教師がいてもいいと考えているのだ。その子が伸びるためのプログラムを論理的に考え、冷静に実践するという指導も大切だが、そういう指導では伸びない子どももいる。

長年教師をやっていると、生徒には個人差があるという事実を否定できないのだ。理屈で納得して頑張れるタイプの子どももいれば、論理なんて関係なく教える側の熱気で変わるというタイプの子どももいる。

悪いことをした子どもを叱るときでも、理屈抜きに、

「どうして、そんなことをやってしまったんだ！」

と涙ながらに訴えたほうが、効果がある子どももいる。

要は、教師の引き出しのなかに、いろいろなアプローチのしかたがあったほうがベターなのである。

ところが、前述のとおり今や「熱血指導」は絶滅しかかっている。リスクが大きすぎるからだ。

「先生が熱くなりすぎて、ウチの子は嫌だったと言っています」

こんな言われ方をしたら、無難な方法に切り替えるのが普通だ。その子がそっとしておいてほしいと求めたら、そっとしておく。干渉しないでほしいと求めたら、極力関わりを持たないようにする。そうすれば、苦情がくることはない。結果として上手くいかなかったとしても、その対応を望んだ保護者の側の責任ということになる。ただ、こんな割り切った考え方はあまりに悲しい。

熱血指導が消えてしまった最大の理由は、誰も教師を助けてくれなくなったことだ。学校に苦情がきたとしても、

「まあ、熱いということは、それだけ子どものことを気にしているということです。冷めている教師に比べたら、よっぽどいいじゃないですか」

そんな言葉で若手教師に助け舟を出せるベテラン教員や管理職は少ない。彼らが冷たいとか、思いやりがないとか言っているのではない。そんな余裕がないのだ。もし、手助けした結果、

「わかりました。なら校長先生も同じ考えなんですね」

とあらぬところに駆け込まれたら、どうしようもなくなる。大学で同級生だった友人が、校長になるとこんなことを言っていた。

「校長職がこんなに孤独なものだとは思わなかった」

学校長が決断した内容については、基本的に教育委員会も外部の機関も助けてはくれない。人数的にも、多勢に無勢で、下手をしたら糾弾されかねない。実際問題、学校の対応が悪いという保護者の連日の抗議により、女性校長が自死を選んだというショッキングなニュースもあった。

学校のシステムとして、何かあったときに教師をサポートする環境がないのである。だとしたら、リスキーな熱血指導などしないに限る。このような負の連鎖で、熱血教師が消えたというわけだ。

『スクール・ウォーズ』は是か非か

一九八四年に放映されたテレビドラマ『スクール・ウォーズ』は、京都市立伏見工業高等学校ラグビー部と、その監督で元・日本代表フランカーの山口良治《よしはる》先生がモデルになっている。不良がたむろする無名の公立高校による全国制覇、熱血教師によるラグビー部員への体当たりの指導という実話をベースにしたドラマは日本中の反響を呼び、『スクール・ウォーズ』は高視聴率をあげた。

このドラマが再び脚光を浴びたのは二〇一九年、ラグビー日本代表がワールドカップで奇跡のベスト8進出を果たしたときのことだ。代表選手のなかでは、田中史朗《ふみあき》選手と松田

力也選手が伏見工業のOBで、田中選手と対面する番組で山口先生は「泣き虫先生」の異名どおり、

「ケガだけはしないように」

と涙ながらにかつての教え子に語りかけ、私も思わずテレビの前でもらい泣きしてしまったものだ。

さて、この『スクール・ウォーズ』はジャンルとしては、間違いなく熱血青春ものだ。このドラマが二〇一九年にもなってなぜ再び注目を集めたのだろうか。いくらラグビーのワールドカップがあったとはいえ、需要がないテーマなら、再び脚光を浴びることもないはずだ。

やはり、教師と生徒が真剣にぶつかり合う姿が視聴者に美しく映ったからだろうと私は思う。生身の人間の痛み、苦しみ、喜び、ひたむきさなど、ドラマのなかで描かれていた泥臭さが日本代表チームの姿とダブって見えたのだ。

みごと花園を制して日本一になった山下真司さん演じるラグビー部監督はインタビューでこんなことを言っている。

「こんな嬉しいことはありません。勝てる。そう信じていても不安でした。でもこいつらがこんな素晴らしい試合やってくれて。信は力なりです。泣かせてください。思いきり泣

かせてください」

熱血指導というのは、視聴者としてまたは観客として、つまり第三者として見ているぶんには何の問題もない。一生懸命に頑張って結果を出そうとしている人を応援するとき、誰もがさわやかな気分になれる。

ただ、そうした試練がわが子に課せられるとしたら、はたしてどうだろうか。

「先生。宿題が多くて、ウチの子が学校に行きたくないと言っています」

たいした課題を出したわけでもないのに、すぐに苦情が届くのが現状なのだ

現代において『スクール・ウォーズ』のような指導は是か非か。

今の学校では、保護者や子どもが是と言えば是であり、非と言えば非なのだが、教師の側は間違いなく非とされないように動く。つまり現状を熱血で打開していこうとする指導は淘汰されることになるのだ。

2――量産されるフツーの先生

頑張らせてはいけない

かつてイチローさんがインタビューでこんなことを言っていた。

「一番になりたかったですね。僕はナンバーワンになりたい。オンリーワンになりたいとか甘いこと言ってるヤツが大嫌いなんで」

いかにも、イチローさんらしい言葉だ。勝負の世界に生きる者として、オンリーワンという言葉が持つ欺瞞が許せなかったのではないか。

お笑い芸人のホーキング青山さんが、ドキュメンタリーのなかで語っていた言葉も印象深い。

「高校のときの先生が、僕に言ったんですよ。『君は生きてるだけで素晴らしい』って。まあ、僕を励ますつもりで言ってくれたんでしょうけど、何言ってるんだろうって感じでしたね。こっちにしてみると、ただ生きてるだけじゃあ、すまないんですよ。生きていく武器みたいなものを身につけないと……」

彼は、先天性多発性関節拘縮《こうしゅく》症のため、生まれたときから両手両足を使うことができない。担任の教師としては、彼を何とか励ましたくてそんな言葉を口にしたのだと推察できるが、言われた当人には空虚な言葉でしかなかったのだ。現在もお笑い芸人として活動している彼にとって、「頑張らなくていい」という選択肢はなかったのだろう。

ただ今の学校において、子どもたちに「頑張れば、何とかなるよ」と言いにくくなっているのは事実だ。

「先生。何か足が痛い感じがするので、今日の体育は見学させてください」

子どもが突然そう言ってくることがある。理由を聞いてみると、

「昨日、サッカーの練習で他の子の足がぶつかって痛くなった」

と言う。

休み時間の様子を思い出すと、みんなと一緒に走りまわっていたのだが……。こういう場合、かつての熱血教師であれば、

「休み時間は元気だったんだから、体育も平気、平気。痛いこともあるだろうけど、まあ、痛さも生きている証拠だ。頑張って！」

と叱咤激励したことだろう。

だが、われわれフツーの教師は、もし無理やり体育をやらせて、病院に行くほどの痛みが出たら保護者から何と言われるだろうと考えてしまう。

「じゃあ今日は、無理しなくてもいいよ」

つい、そう言いたくなるのだ。

そんな教師の姿勢もあって、今の学校では「頑張らなくてもいい」という風潮が蔓延している。少しでも喉が痛ければ、歌わなくてもいい。足がちょっとでも痛ければ、ハイキングに参加しなくてもいい。

以前、こんなこともあった。遠足で高尾山に登っているとき、一人の女の子が荷物を持てないというので、その子のリュックを他の教師が持ってあげた。

やがてその子は、

「足が動かない」

苦しそうにそう言い出し、若手の教師が彼女を背負って山頂を目指した。彼は滝のような汗を流し、やっとの思いで山頂までたどり着いたのだが、

「おい、大丈夫か」

女の子を下ろしながら声をかけたときのことだ。いきなり、その子が友だちが集まっているところに向かって駆け出したのだ。それも、かなりのスピードで、である。近くで見ていた私は、一瞬何が起こったのか理解できなかった。何か、不測の事態が発生したのではないかとすぐに彼女の後を追ったのだが、そこで見たのは、友だちとキャッキャッ言いながら、楽しくお菓子を食べている彼女の姿だった。実際には足はたいして痛くなかったのだ。

こんなことが何度あっても、今の教師は子どもたちが不調を訴えると最悪のケースを想定して行動せざるをえない。

「そんな甘い対応をしているから、今の子どもたちは……」

と今度は別の方面からお叱りの言葉をいただきそうだが、それでも、われわれフツーの教師にはどうすることもできない。「顧客」である子どもたちや保護者の要望に逆らってまで頑張らせるすべは残念ながらないのだ。

「受験の準備で学校は休みます」

われわれフツーの教師は、子どもたちの家庭事情についても、なるべく干渉しないように気をつけている。うっかり立ち入ったことを言ったら、学校や教師にそんな権利があるのかと反論されるのが目に見えているからだ。

たとえば、子どもたちの欠席について職員室で話題になることがある。

「月曜日に休めば四連休になるから、どこかに行っているんでしょう」

家庭の事情という理由で欠席する子どもが何人も出た日のことだ。朝になって急に連絡が入ることもある。事前に連絡帳には書きにくかったので、当日の朝になって電話してきたのだろう。

ただ、家の都合で休みますと言う保護者に対して、

「どんなご都合なんですか」

とは聞きにくい。相手を不機嫌にさせるリスクがあるからだ。

「そんなこと、先生に言わなければならないんですか」

と返されることもある。逆に聞く前から、

「夫婦そろって休みをとれたので、家族で遊園地に出かけます」

「恐竜展が今日までなので、今回は特別にお休みをいただきたいと思います」

と堂々と理由を伝えてくる保護者もいる。

本来、保護者は子どもに教育を受けさせる義務を負っていて、義務教育に選択権はないはずである。だが、実際にはそうなっていない。

教師としては、少しでも授業に関係がある用事であればまだ納得できる。だが多くは、たんに平日の遊園地は安いから、または両親の休みがそろったからといった安易な理由で子どもを休ませるのである。

かつての熱血教師であれば、

「何を言ってるんですか。遊園地はまたいつか行けるでしょう。今日のグループ学習は、○○さんがいないと成立しないんですよ」

などと説得するだろう。だが、今の教師にそんな台詞は言えない。感じの悪い先生という烙印を押されたくないからだ。

受験を控えて、一定期間学校を休むという子どももいる。この場合は一日や二日ではな

いので、

「受験の準備があるので、しばらく休みをいただきます」

と一応、理由は明確に伝えてくる。本来なら、受験準備のための欠席というのは正当な理由として認められないはずだ。

だが、現状では、

「いいですよ」

安易に認める風潮になっている。そこで、もし反論でもしたら、

「わかりました。学校に行かせます。ただし、学校でインフルエンザをもらって、そのせいで受験ができなくなったら、先生のせいですよ」

脅迫まがいの反論を受けるのは必至だ。

これまた昔の熱血教師であれば、そんなことは気にせず、もっと大局観のある説得を試みたことだろう。

「お母さん。たしかに学校に出てきたら、インフルエンザをもらうかもしれません。それでも、学校を休むよりはいいじゃないですか。受験のために学校を休み続けるということは、子どもに『目的のためには手段を選ばない』ということを教えているのと同じです。はたしてそれが、あの子のためになるんでしょうか」

どの教師も本音ではこう言いたいのだ。その子が何日も休むことで、体育のチーム作りや話し合い活動にも支障が出る。だが、今の教師には、やはり言えない。もちろん、管理職に相談しても結果は同じだ。

「たしかに、保護者は子どもを学校に通わせる義務を負っていますが、このご時世、受験準備のために休むのは、もはやフツーのことになっていますし……。そんなに目くじらを立てなくても、ねえ」

ここでもやはり、保護者が求めるのであれば、事の是非を問わず黙って従っておくほうがいいという価値観が顔を出す。悲しいことではあるが、これが学校の現実なのだ。

実現しにくい若手教員のビジョン

「はじめに」で私は、ある保護者から最近の先生は特徴がなくて担任してもらった先生の名前も覚えていないと言われたというエピソードを紹介した。現場の教師としてはショックな言葉だ。人間性を否定されたような気がするからである。

言うまでもないことだが、どんな教師にも個性や特性がある。特別な能力を持つ教員も多く、たとえば音大のピアノ科を出てリサイタルで演奏した経験を持つ教師もいる。描いた絵がコンクールで入選するような教師もいる。ペンネームを持ち小説家として活動している教師もいる。

だが、その誰もがそのことをあからさまに言おうとしない。

「自慢になるから……」

本人に問いただすと、ようやく重い口を開くのだが、理由はそれだけではない。重ねて聞くと、こんなことを言うのだ。

「特別なことをしていると、まわりから叩かれる雰囲気があるっていうか……」

つまり、周囲の目を気にしているのだ。

ある学年の学年会（学年職員による話し合い）。時間をかけてあまりに真剣に話し合っているので、つい聞き耳を立ててしまった。

「図工の作品を貼り出すのは、来週からにそろえましょう。貼る場所は、それぞれクラスの廊下側の掲示板でいいですね。それから、名札ですけど……。名札のサイズもそろえたほうがいいですね。では、名札は私が印刷して、みんなに配ります」

会議が終わった後、そのなかの一人に声をかけた。なぜ、そんな程度のことを念入りに確認していたのか知りたかったからだ。

「クラスごとにずれていたら、不公平だってお叱りを受けるじゃないですか。だから、学年主任が気にしているんです」

学校では年度末に一年間の教育反省を行い、次年度の計画に生かす会議を行う。反省の材料として、最近では保護者にもアンケートをとっている。回答のなかで、毎年よく指摘されるのが、

「クラスによるバラツキをなくしていただきたい」

という要望である。どのクラスでも歩調を合わせるように希望しているのだ。教師にもそれぞれ考えがあるのだから、いろいろなことが違って当然だと思う。掲示物を貼るのも、ねらいによって時期に差が出て当たり前だ。だが、それすら許されないような空気を感じるのである。

酒席でのこと。たまたま若手教師が近くにいたので、そんなにまわりの目が気になるのか、みんなに聞いてみた。

「やはり、気になります。特別なことをしていると、自分勝手だと思われてしまうんです。そう思われるのが嫌で」

だが、よくよく聞いてみると、それぞれやりたいことがあるということだった。

「私はできれば授業の前にレク（レクリエーション）をやって、子どもの気分を発散させてから授業を始めたいんです。子どもの頃の担任が自由な人でしたから……」

「僕は教科書以外の教材を持ち込んでやりたいんです。特に、国語では良い文学作品が教

科書から消えてしまっていて……」

「私はフィールドワークをもっと実践したいです。でも、自分のクラスだけ外に行くっていうのは、スタンドプレーみたいで」

声を潜めるように話していたが、どれも魅力的で子どもたちにとって大きくプラスになりそうなプランだ。

たとえば二〇一九年一月二十一日付の『読売新聞』に、「座らず勉強」と題して、フィンランドの「スクール・オン・ザ・ムーブ（動く学校）」の様子が紹介されている。フィンランド政府が推進しているプロジェクトである。

国語の授業で、児童の大半がバランスボールに乗り、机に向かっている。ドリルの問題を一つ解いたら、教室の後方に移動して、カードを引く。続いて、書かれた指示どおりの動きをする。たとえば、その場で跳び跳ねる、腕を回す、四つん這いで進むといった動きだ。脳に刺激を与え、学習効果を上げるねらいがあるという。

前述の若手教師が言った授業前にレクを行うというアイデアは、決して突拍子もないものではないのだ。じつは私も「スクール・オン・ザ・ムーブ」に興味を持ってクラスで実践してみたところ、

「動くから落ち着かなくなると思ったら、逆に集中力がついた」

子どもたちから大好評だった。

教科書以外の教材を持ち込むというアイデアは、前述したように伝説の熱血国語教師、故・橋本武先生が実践されている。中学校の三年間で中勘助の『銀の匙』を一冊読み上げるという授業で、それまで有名校のすべり止めだった灘校を日本有数の進学校に押し上げた。

先生は生前、インタビューでこういう含蓄のある言葉を残している。

「すぐに役立つことは、すぐに役立たなくなります」

先生は決して特別なことをしたのではない。教師として必要なことをしたのだ。

フィールドワークについては、小学校学習指導要領で以下のようにその意義が説明されている。

《児童が生命の有限性や自然の大切さ、主体的に挑戦してみることや多様な他者と協働することの重要性などを実感しながら理解することができるよう、各教科等の特質に応じた体験活動を重視し、家庭や地域社会と連携しつつ体系的・継続的に実施できるよう工夫すること。》

野外に出かけることも、子どもたちにとって必要不可欠なことだとされているのだ。つまり、若手教師たちが酒席で披露してくれた授業のプランは、いずれも非常に当を得たアイデアなのである。

それでも、どうしてもわれわれフツーの教師は、まわりと異なることをすることで生まれるリスクを恐れてしまう。それが正しいとわかっていても、保護者からの批判を気にしてしまうのだ。

「反対に落ち着きがなくなったら、どうするんですか」

「教科書を軽んじるんですか」

「外に出て事故に遭ったらどうするんですか」

実際に何かを始める前から、そんな言葉が投げつけられるのではないかと想像して、ついつい守りに入ってしまうのが今の教師なのである。

「子どもに傘を貸してもいいですか」

なぜ、教師は自分の判断で動けなくなってしまったのか。簡単に言えば、説明責任を果たせない場合が出てくるからだ。会議などでも、よく管理職がホウレンソウの大切さを訴える。「ホウ」は報告、「レン」は連絡、「ソウ」は相談の意味である。コンプライアンスを徹底するうえで大事なのだろう。

「みなさん、たいしたことないからと自分で勝手に判断するのではなく、細かなことでも相談してきてください。問題が起きている学校の多くでは、このホウレンソウがしっかりできていないケースが見られます」

こんなことを言われ続けた結果、教師たちは何でもホウレンソウする習慣が身についてきたというわけである。

子どもの下校時、急に大雨が降ってきたときの話だ。低学年の担任が血相を変えて職員室に飛び込んできた。

「校長先生、大変です。子どもたちが帰ろうと思ったら、急に大雨が降ってきました。傘を持ってきている子が少なく、このまま帰したら風邪を引いてしまいます。落し物として倉庫に保管されている傘を貸してもいいですか」

こんなことですら、自分で決めることができないのだ。当然、倉庫から大量の傘を出し、子どもたちに差して帰らせたが、しばらく濡れたまま外で待っている子どもたちもいた。何とも、臨機応変さに欠ける話である。

また、あるとき。子どもの具合が悪く、保護者に電話して迎えにきてもらう必要が出てきた。だが、保護者の携帯電話にいくらかけてもつながらない。困った担任は、校長に相談した。

「保護者の携帯がつながらないので、職場まで電話していいですか」

当然、何の問題もない行為だ。

「ぜひ、そうしてください。何より子どもの体調が優先です」

校長がそう伝えると、担任は安心したように電話のダイヤルを押していた。

「そう簡単に職場にまで電話しないでください」

という保護者の苦情を気にしていたのだろう。

そもそも、体調を崩したわが子より仕事を優先する親などありえない。堂々と自分で判断して電話すればいい。だが、さっさと電話した結果、学校に苦情がきたら、

「だから、ホウレンソウを欠かさずにと言ったじゃないですか」

と校長から注意される可能性もなくはないのだ。

学校から、自分で判断し、行動する教師が徐々に消えている。

「勝手な判断をしないように！」

が金科玉条になってしまったのだ。だが、はたして、そんなことでいいのだろうか。

先に挙げた事例で考えれば、相談するまでに時間がかかって事態を悪化させる可能性だってあるだろう。すぐに保護者のお迎えが必要なことも多々ある。そのとき管理職が近くにいなければ、担任は子どもを放置したまま校内を探し回ることになる。それが本当に子

どものためになるのだろうか。

なのに、この程度のことでも教師はなかなか踏み切れない。

「たいしたことないのに、いちいち電話しないでください」

という保護者の苦情が気になるからだ。誰かのお墨付きをもらい、晴れて連絡する条件を整えたいと思ってしまう。

子どもたちの範となるべき教師たちが常識で判断すれば問題ないようなことで右往左往している姿を見て、彼らは何を思うのだろう。

「おい、校長はいるか」

今から二十五年ほど前の話だ。放課後、職員室で仕事をしていると、血相を変えた子どもたちが飛び込んできた。

「先生、大変。校庭の花壇のところで、悪い人たちが三人、タバコを吸ってる。ねえ、早く、きて！」

窓から外を見ると、体格が大きい男が三人、花壇のふちに腰かけているのが見える。手にしたタバコからは、煙が立ち上っている。

当時、勤務していたのは職員数が七十人を超えるマンモス校で、若手の男性職員もたくさんいた。

「おい。行くぞ！」

「はい」

背後で複数の声が聞こえたのを確認し、私はダッシュ一番、現場に駆けつけた。

「何してるんだ？」

ストレートな問いに、彼らもストレートに返す。

「見りゃ、わかるだろ。タバコ吸ってんだよ」

そんな調子ですったもんだしていて、ふと気づいた。私の背後に人の気配がないのだ。こちら振り返ってみると、案の定、遠くで子どもが心配そうに見守っているだけだった。こちらの執拗な注意に男たち（彼らは高校生だった）は捨て台詞を残して去って行ったが、職員室に戻っても、若手職員は誰一人いなかった。おそらく、どこか安全な場所で成り行きを見守っていたのだろう。

これも、今からかなり前の話だ。職員室の電話が鳴ったので、いつものように受話器をとった。

「はい。○○小学校でございます」

そう言ったとたん、

「おい、校長はいるか」

凄む声が耳に響いてきた。こんなぶしつけな電話に、わざわざ学校長を出すわけにはいかない。

「すみません。まずはお名前をいただけませんと、取り次ぐことはできません」

これが相手の感情をさらに逆なでしたらしい。

「おい、ふざけるな、この野郎。だいたい、学校名を言ったら、その後に自分の名前を名乗るのが常識だろう。教育委員会でも、そう言っているはずだ。なのに、こっちの名前を名乗れだと。ふざけるな！　わかった。今から教育委員会に寄って、おまえに会いに行くからな。待ってろよ」

「どうぞ」

そう言ったものだから、相手はますますヒートアップしてしまった。

「テメエ、どうぞって言いやがったな。ということは、俺とやるってことか。なら、わかった。タダじゃおかねえ。覚悟しておけよ」

電話はそこで切れた。世の中変わった人間もいるものだなと思っていたところ、三十分経って本当に教育委員会から学校に電話が入った。

「先ほど、地域に住む○○さんから電話があり、学校で電話をとった相手が自分の名前を名乗らなかったということで、大変ご立腹の様子です。これから、○○さんと一緒に学校にうかがいたいと思いますが、よろしいでしょうか」

教育委員会からの依頼なので、断るわけにはいかない。三十分ほどすると教育委員会の二人を含む三人が学校にやってきた。最初に口を開いたのは、教育委員会の担当者だ。

「齋藤先生。電話に出られたというのに、ご自分の名前を名乗らなかったそうですね。それは、先生の落ち度だと思います」

この言葉に勢いづいて、電話をかけてきた男も怒鳴りはじめた。

「おい齋藤、テメエだったのか。さっきは酷いこと言ってくれたな。電話に出たら、自分の名前を名乗るのが常識だろっ。学校の先生だからって、名乗らなくていいのか。威張りやがって。電話に出たら学校名と個人名を言うようになってるはずだぜ。俺がそうするように教育委員会に言ったんだから。なのに、テメエ、無視するのか」

黙ったまま聞いていると、教育委員会の担当者二人も同じように黙っている。男はそれをいいことに携帯電話を取り出し、録画モードにして私に向けてきた。

「はい。みなさん。ここに映っているのが、非常識な教師です。子どもたちは、こんな最低な教師に教わっているようです。これからの日本を担う子どもたちだというのに、こんなレベルの低いのが担任じゃあ、かわいそうですよね」

私に向けてしゃべりながら、動画をネット上でも流すと脅してきた。教育委員会の二人はそれでも黙ったまま。

私はちょうどその日、教え子たちと待ち合わせをしていたので、

「かつての教え子たちと約束があるので、今日はここで失礼します」

席を立とうとしたが、相手はまだ話が終わっていないぞと凄んでくる。私はやむなく、こんな提案をした。

「私は、今日これから、教え子たちと会う約束をしています。会って話を聞いたらまた学校に戻ってきますから、それまでお待ちいただけますか。いったん中断して、また集まりましょう」

相手は憤懣やるかたないといった様子である。と、ここでようやく教育委員会の担当者が口を開いた。助け船を出してくれるのかと思ったのだが、出てきたのは耳を疑う言葉だった。

「齋藤先生。先生が戻るまで待っていろというのは、○○さんがせっかくいらっしゃっているのに失礼じゃないですか。今日会うことになっている教え子には何とか連絡をとって、延期するようにしてください」

じつは私は携帯電話を持っておらず、教え子たちの携帯の番号も知らない。教育委員会

の担当者にそのことを伝えても、彼らはなかなか理解しようとしなかった。

「……しかたない。もういいよ」

と言ったのは、意外にも○○のほうだった。

この出来事で私が失望したのは、教育委員会の担当者が何の覚悟もなく学校にやってきたことだ。矢面に立つつもりなどまったくなかったのだ。

後日、知り合いの弁護士に聞くと、このときの私の対応に特に落ち度はないということだった。

「学校名と名前を名乗ると決まっているのであれば、たしかにそうしたほうがよかったかもしれません。ただ、名乗らなかったからといって、そこまでの拘束を受ける理由にはなりません。逆に、相手の方については、実際の言葉遣いや態度から、威力業務妨害罪や強要罪などに該当する可能性があります」

そして、最後にこう言った。

「教育委員会の方は、いったい何をしにきたのでしょう」

私がもっとも引っかかっていた点もそれだ。おそらく、一緒にこいと言われたから、ただついてきたのだろう。

本来なら、教育委員会もそこまで下手に出る必要はなかったのかもしれない。私も何か言い返してもよかった。

だが教育委員会の担当者も私も「黙って聞いていれば、いつかは終わる作戦」に終始してしまった。子どもたちの前に立つ一人の大人として、恥ずかしい気がした。

望んでも提供しない、望まなくても提供する

接客業の基本は、顧客第一である。顧客の希望は極力かなえようと努力する。また、それが、サービスを競う者のプライドでもある。

あるホテルにチェックイン時間前に到着してしまったときのこと。まだチェックインできる時間まで一時間はあったので、ロビーのソファーに座り半分寝ながら時間になるのを待っていた。すると、フロントである中年男性がこんなことを言っている。

「早く着いたのは申し訳ないが、一部屋くらい開けてくれてもいいじゃないか」

私はフロント係がどのように対応するのか、興味深く見ていた。

「少々、お待ちください」

彼女はそう言って奥に入ると、やがて責任者らしい人間を連れてきた。

「お客様、大変お待たせいたしました。お部屋のほうは、チェックインできます。こちらの書類にご記入をお願いできますか」

中年男性が記入をすませると、この責任者と思しき人物は案内係に部屋までこの客の荷物を持って行くように指示した。これがサービス業に携わる人間のプライドなのだ。

とあるレストランでのこと。一人の客が突然怒り出した。

「俺はさっきからずっと待ってるのに、俺のとこだけ料理がこないじゃないか。まさか、忘れてるんじゃないだろうな」

その客より前に店に入った私たちのテーブルにも、まだ料理は運ばれてきていない。それでも、すぐにこの客のテーブルに店長がやってきて謝罪した。

「お客様、大変申し訳ございません。順番でやっておりますが、私どもの手際の悪さでご不快な思いをさせてしまいました。もう少々お待ちください」

そう伝えるだけでなく、次の来店時に使えるサービス券を手渡していた。文句を言った客だけ特別扱いでは、他の客もストレスがたまると考えたのか、その後、私たちのテーブルにも顔を出すと、

「次回からお使いいただけるサービス券でございます」

と人数分のサービス券を置いていった。

ひょっとしたら、

「こんなに混んでいるのだから、待つのは当たり前でしょう。いい大人なんだから、ちょ

っとぐらい我慢してくださいよ」

と言いたいところかもしれない。だが、客に向かってそんな反論はしない。躊躇なく謝罪し、しかるべく対応をとっていた。心底立派なものだと思った。

これまで述べてきたように、今の教師には彼らのような「接客のプロ」としてのふるまいが求められている。

「ウチの子が学校に行きたがらないので、担任の先生が迎えにくるようにしてください」

という要求に学校が応じた例を前に紹介したが、

「頼んでも、動いてくれない」

という悪評が広まるのを恐れてのことである。

荒瀬克己先生の言葉が再び蘇ってくる。

「私たちは生徒が望んでも提供しない場合があります。反対に、彼らが望まなくても提供する場合もあるのです」

本来、教師も学校も「将来、本当にその子のためになるのか」という基準にもとづいてすべてを判断すべきで、その結果、「顧客（子どもたちや保護者）の希望を最大限かなえる」という接客業の理念に反することも当然ありうるのだ。

そうであるのに、学校は接客業へと舵を切ってしまった。

「いっそのこと、何でも言うことを聞くことにしよう」

と開き直ってしまったようにも思える。

だがその結果、多くの教師が自信を失い、自分の個性すら隠そうとするようになってしまった。熱血教師の存在が許されなくなった学校の現状に、ただただ心を痛めるばかりだ。

第3章 接客業化がもたらす弊害

保護者が学校や教師に対して「サービス」を求めるようになった結果、「これからの時代に対応できる子どもを育成する」という学校の本分は失われつつある。

教師は保護者に批判されないことにエネルギーを傾けるようになり、実際にどうかではなく、どうよく見せるかばかりを強く意識するようになった。

学級通信では、良いことばかりを書く教師が増えた。ある新人女性教師がクラスの問題点を書いたところ、

「これって、ウチの子のことを書いているんじゃないですか。これがもとでやる気を失ったら、どう責任をとられるつもりですか」

さっそく苦情が寄せられたという。低学年のそのクラスで、ちょっとした言葉のイジメのような出来事が頻発し、それを家庭でも指導してもらおうと書いただけであった。当然の問題提起だったのだが、残念なことに彼女はそれ以降、学級通信にクラスの問題点を指摘することを止め、良いことばかりを書くようになった。

子どもや保護者が嫌だと言ったら、発信の方法、指導方針、時に授業内容まで変えなければならない。表面的な平穏を装い、みんなが幸せだと感じる環境を整えるのが今の教師に課せられた使命なのだ。

ただ、それはあくまで偽りの平穏でしかない。子どもたちがいずれ社会に出たときには、理不尽な人間関係や解決困難な課題にかならず直面する日がくる。なのに、学校はそこから目をそらし続けているのである。

1――上手くいっているアピール

「イジメ件数ゼロ」の謎

全国的に大きなイジメ事件があり、国を挙げて実態把握をしようということになった二〇一九年、文部科学省の発表によると、全国の小中高校などで平成三十（二〇一八）年度に認知されたイジメが前年度から約十三万件増加し、五十四万三千九百三十三件と過去最多を更新したということだ。

特に小学校では前年より三割以上も増加したという。心身に大きな被害を受けるなどの重大事態も六百二件で、過去最多となった。こうした傾向について文部科学省は、

「以前は悪ふざけの範囲内と考えられていたものでも積極的にいじめと認知し、早期に対応している結果」

と前向きにとらえているという。あくまでも、学校現場が荒れているわけではないとする分析結果だ。

また、イジメが一件もないと報告している学校は一八・二パーセントと、ほぼ五校に一校の割合である。たしかにイジメがゼロの学校というのもあるのかもしれないが、五分の一の学校がそうであるというのは、現場の教師の実感としてはあまりにも現実離れしている。イジメの正確な認知を推進するため、文部科学省は、

「いじめの認知件数がゼロであった場合は、そのことを児童生徒や保護者向けに公表し、検証を仰いで、認知漏れがないか確認すること」

としている。データに信憑性を持たせたいのだろう。

イジメ件数ゼロの理由として、考えられるのは三つ。一つ目は、本当にイジメがない学

校が存在するのだろう。二つ目は、イジメがあるのに、イジメとして認知していないケースだ。三つ目は、イジメがあるのに、ゼロとして報告しているケースである。イジメで自殺者まで出した学校が、それまでのイジメ件数をゼロとして出していたことに批判が集まったことがある。三つ目のケースは論外だ。

どの学校、どの教師に聞いても、イジメがあったのに「イジメはゼロ」という報告をすることは許されないと答えるはずだ。ところが、実際に自分たちの問題としてふりかかってくると、また違った思惑がはたらくことがあるのだ。

これは、同期の児童指導主任の話である。ある子どもが毎日のように特定のクラスメートに暴力をふるわれていたので、イジメとして認定するように学校長に報告したという。ところが、会議の席で、イジメとして認定するには、もっと慎重でなければならないと言われたそうだ。

「まあ、加害の子もそこまでの気持ちは……」

という言い方で、学校長はイジメとすることを躊躇し続けたという。

イジメとは、「一定の人的関係にある他の児童等が行う心理的又は物理的な影響を与える行為」と定義されている。毎日のように手を出す行為はイジメそのものである。他の教師の働きかけもあり、この件について学校長はようやくイジメだと認定したものの、保護者に対する指導はやはり躊躇したというから驚きである。

国の「いじめ防止対策推進法」では、

「いじめがあったことが確認された場合には、いじめをやめさせ、及びその再発を防止するため、当該学校の複数の教職員によって、心理、福祉等に関する専門的な知識を有する者の協力を得つつ、いじめを受けた児童等又はその保護者に対する支援及びいじめを行った児童等に対する指導又はその保護者に対する助言を継続的に行うもの」

とされている。助言とは、実際に保護者に会い、今後の再発防止に向けて面談することを意味する。

「でも、保護者を呼ぶのは止めましょう」

となったらしい。本音を言うと、保護者を呼ぶのはいいが、そこで反撃を受けたら面倒だということだろう。

このような問題であっても、学校や教師は保護者の評判を気にしている。

「あの学校、イジメがあるらしいわよ」

という評判より、イジメゼロのほうがいい。だから、なるべく大事にせず、何となく解決することを望むのだ。

マスコミで話題になるような酷いイジメ事件の多くは、学校の隠ぺい体質から生まれている。自殺者が出ないと表沙汰にはならないのだ。その手前で、やられた側は泣き寝入りというイジメ案件は、おそらくたくさんあろう。だが、一部の学校は世間体を気にして、なるべくイジメゼロということにしようとしていた。

これもまた、学校の接客業化がもたらした一つの病理といえるのではないだろうか。

不登校も学校の体面の問題に

いろいろな理由で学校に登校できなくなっている子どもは多い。友だち関係、担任との関係、親子関係から、学校という閉鎖的な空間に耐えられないといった理由まで、原因はじつにさまざまだ。

学校としても、担任教師としても、不登校を減らしたい、なくしたいというのが本音だ。もちろん、子どもの将来を考えてというのが第一の理由である。ただ、第二の理由としては自身の評価への懸念がある。

「あの先生が担任になると、学校へこなくなる子が多い」

そんな噂が広がったら困るのだ。

学校教育法によると、子どもが七日以上出席せず、出席させないことに正当な理由がない場合は、学校は出席を督促しなければならない。病気や不登校などの場合はその限りでないが、不登校かどうかわからない場合には、事由を詳細に確認する必要がある。その結果、しかたなく休んでいるということになっても、守秘義務がある以上、保護者の断りなしに級友たちに欠席理由を明かすわけにはいかない。家庭の事情など、話したくても話せないという理由は、案外あるものだ。

ただ、あえて理由について黙っていたために、

「何か、おかしい……」

ということになり、噂が噂を呼ぶこともある。不登校について、たとえそれが学校や担任の責任でなくても何か後ろめたいと感じてしまうのは、そういう理由もあるのだ。

教師である私がこういう主張をするのは問題かもしれないが、すべての子どもたちが学校という、ある意味で閉鎖的な空間に快適さを感じるべきだという考え方には疑問が残る。じつは私自身も「今日は、学校に行きたくない」と強く感じる日がある。

実際に、学校に行けなくても自分の居場所を手に入れた人はたくさんいる。マツコ・デラックスさんが不登校だったり引きこもりだったりした話は有名だが、千原ジュニアさんもそうだったらしい。

取材のなかで、彼はこう答えている。

「中学時代、有名進学校に合格したことが引き金となって、登校拒否、部屋に引きこもり、

学校、友だち、家族との関係を絶ち、孤立した。みずから進んだ見えない迷路。ようやく出口が見えてきたとき、相方の兄・千原せいじに誘われて、お笑い芸人の道へ進んだ。もう二度と暗黒のブラックホールに戻らないためには、自身が鋭利なジャックナイフになるしかなかった」

彼の心の叫びが聞こえてくるような言葉だ。学校は絶対的に人を幸せにする場所とはいいきれないのである。

それでも、不登校がゼロというのは学校にとって大きな誇りとなる。何校もの学校長が集まる会議に定期的に参加しているが、

「ウチの学校では、不登校が半減しました」

「ウチではついに不登校ゼロになりそうです」

など、不登校児童の数をめぐる発言がかならず出ることに、あるとき気づいた。われわれ教師は体面のためではなく、真に子どもたちのためという観点から物事を考えなければならない。

だから、こんなことを声高に主張すると批判を浴びそうだが、

「学校にこないことで幸せになれるのなら、それでもいい」

そんな姿勢でいたいものだと私は思っている。

クラスの問題もゼロ

イジメの問題に限らず、学校は保護者や子どもたちに良いイメージを与えることに必死だ。その結果、ネガティブな情報はあまり発信しないようになった。


たとえば前にも触れた学級通信である。もちろん、実際に良いことがあれば、

「学級対抗ドッジボール大会で一位になりました」

などと宣伝できる。


一方で、忘れ物の多さや算数のテストで多かった誤答のパターン、言葉遣いの乱れなど、本来なら学級通信で触れられるべき問題はほぼスルーされている。実際に同僚の学級通信を見ても、そういう話はほとんど見られなくなった。

「クラスが上手くいっていないのでは……」

と保護者に勘繰られることを避けたいのだ。私もそうなのだが、ネガティブな情報を発信することは回避しがちになっているのである。


学級懇談会でも、ひたすら子どもたちを持ち上げることが多い。

「こんな良い子たちはいません」

子どもを「ヨイショする会」とばかりに褒めた後に、

「まったく問題がないと言えば嘘になりますが、この子たちの様子からすると、大きな問

題はゼロだと感じています」

と念を押すのだ。

なぜ、教師たちはクラスの問題から目をそむけるのか。答えは簡単だ。問題があれば、それは教師の責任になるからである。明らかに家庭教育に起因すると思われる問題であっても、

「ご家庭で、しっかりしていただかなければ困ります」

と保護者に言うのは難しい。かといって、たび重なる忘れ物など基本的な生活習慣の課題を担任がすべてフォローすることもできない。それで、

「クラスに、大きな問題はありません」

ということにしてしまうのだ。

ベテラン教師として言わせてもらえば、子どもというものは問題を起こすのが当たり前であって、何もないほうがおかしい。そして本来、それはオープンにすべきである。それが問題の早期発見・早期解決を促す力になるのだが、顧客たる保護者はそんなことを望んではいない。

たとえばクラスでケンカがあったとしても、

「○○君と××君とで、こんなことをしていたら、○○君が頭にきたようで……」

などと他の保護者に情報を出したりはできない。うかつに実名を出したりしたら即座に担任は謝罪に追い込まれるだろう。よけいなトラブルを招くくらいなら、問題はゼロということにしておいたほうがよいということになるのだ。

仲良しアピール

小学校では、休み時間などにクラスが全員で遊ぶ「学級レク」を実施しているところが多い。レク係を中心に遊ぶ内容を決め、クラスの全員で一つのことを行う。ドッジボール、ドロケイなど、定番が行われていることが多い。

私も以前はクラスの全員が参加する「全員遊び」なるものを実施していた。クラスが一つのことを行っていると、すべてが上手くいっているように見えて、教師としては安心できるのだ。

だが、そんな私の価値観は児童文学作家、灰谷健次郎先生の『きみはダックス先生がきらいか』という本と出合って、くつがえされた。

新しく学校に赴任してきた教師のあだ名は、ダックス先生。足が短いことから、そういうあだ名がついた。冴えない風貌の先生は、はじめは子どもたちにバカにされるが、じつは自由と責任をきちんと教える筋の通った大人だった。それが徐々に子どもたちにも理解されて、やがて尊敬を集めていく、というストーリーだ。

自由時間の意味について、ダックス先生はこんなことを言っている。


《自由な時間をどうすごすかということはとても大事なことなんです。あそび時間はあなたたちの学校生活の中でたった一つの自由時間ですから、あなたたちが自由に使う権利があります。本の好きな人は本を読んでもいいでしょう。音楽の好きな人は笛をふいたり、オルガンをひいてもいいでしょう。もちろん、運動の好きな子は運動場に出てからだをうごかすのもいいのです。それぞれが自分の考えで決めればいいので、一つのことをおしつけるというのはよくありません。》

この箇所を読んで、私は子どもたちの自由時間を奪っていたのかもしれない、ということに気づかされた。みんなで楽しくドッジボールをやろうというのも、図書室に行きたかった子どもには苦痛だったかもしれないのだ。

たしかに、教師は学級レクの時間については、

「みんなで仲良く遊んでいますよ」

と保護者に対して自信を持って言える。決して嘘ではない。そして、それを聞いた保護

者も、

「なら、安心ですね」

　ということになる。

だが、本当にそうなのか。自分も身に覚えがあるからわかるのだが、実際には「クラスの仲の良さをアピールしている」面も多分にあるのではないか。もちろん、クラスのみんなで体を動かせば、大多数の子どもたちは楽しいと感じるだろう。だが、その空気になじめない少数の子どももいるのだ。

　作為的な「仲良しアピール」は、帰りの会でも見られることがある。私にはどうも受けつけられないのだが、クラスによっては帰りの会のプログラムのなかに「良いとこ見つけ」というコーナーを作り、その日、自分に親切にしてくれたクラスメートの名前と内容を発表しているところがあるのだ。

「今日、一輪車をみんな使ってたので順番を待ってたら、○○さんが貸してくれました。どうも、ありがとう」

「算数の問題がわからなかったとき。○○君が教えてくれました。うれしかったよ」

　友だちの厚意に対しては、その場できちんとお礼を言えばいい。クラス全員に「善行」を紹介し、それをみんなのモデルにしたいという教師の気持ちもわからなくはないが、私は親切心をショーにしてしまってはならないように思う。

「みんな、とても良いことをしてくれています。他の子も、自分の名前が呼ばれるように、友だちを助けたり気遣ってあげたりしましょう」

　これではまるで脅迫ではないか。

共感アピール

　他校の授業公開に出かけたときのこと。生徒の一人が何か発言すると、

「なーるほど」

　他の子どもたちが大きな声で相槌を打っていた。続いて、他の子が発言すると、

「うん。うん」

　ただ頷くだけでなく、声を出して共感の意を表していた。はじめのうちは、相手の意見を尊重する、とても感じの良い子どもたちに見えた。だが、しばらく観察しているうちに私の印象は変わっていった。

　子どもたちは、できる子と思しきクラスメートの発言に対しては、

「いいねえ」

　と褒めちぎるのだが、さほどその科目が得意に見えないクラスメートに対しては、

「そう、そう」

とトーンが下がる。それぞれの発言の内容について評価しているのであれば問題ないのだが、授業の最後のほうで、その科目が苦手だと思われる子どもが起死回生の素晴らしい意見を述べたときも、

「そう、そう」

反応ははじめのものと同じだった。発言内容ではなく、人を見てリアクションを決めているようなのだ。

授業が終わって、教師同士の反省会では、授業の進め方についての論議もそこそこに、子どもたちの反応についての話題に移った。

「子どもたちの様子を見ていましたが、どの子も友だちの考えを受け入れ、きちんと反応していた様子に感心しました」

「黙って聞いているより、ちゃんと声を出しながら相槌を打ったほうが、言ったほうも気持ちがいいと思いました。私もクラスに戻って実践してみようと思います」

好意的な意見が多く、当の授業者も手応えを口にしていた。

「反応や相槌を大切にするようにしてから、子どもたちの共感力も上がったように感じます。授業参観でも、同じようにできていましたし、保護者からも好評でした」

あえて水を差すのもどうかと思ったので、その場で発言するのは控えたが、この受けとめ方は明らかに間違っている。私が見るかぎり、この授業は役割分担の決まったショーのようなものだからだ。

誰かの発言に対して、まわりが声に出して反応していれば、見た目には上手くいっているように見える……かもしれない。だが、そう見えるというだけだ。本当に発言内容に共感しているのなら、どの部分にどのように共感したのかまで述べるべきだし、反論もあってしかるべきだ。残念ながら、この授業では、反論の場面はなかった。「反論＝相手を否定すること」という固定観念があるのかもしれないが、反論するということは相手の言うことを細部にわたって聞いていたということを意味する。

本当に信頼関係があるのなら、侃侃諤諤《かんかんがくがく》、忌憚《きたん》のない意見が飛び交うだろうし、あえて共感をアピールする必要はないはずだ。私は保護者への忖度によってこのような授業が行われているのではないかと危惧するのである。

中身のないウケる授業

しばらく前になるが、ハーバード大学教授マイケル・サンデルの白熱教室が話題になった。私が衝撃を受けたのが、次の問いである。

「線路を走っている一台のトロッコが制御不能に陥ってしまい、このまま進めば向かった先で作業をしている五人がトロッコにひき殺されてしまう。あなたは偶然にも、トロッコが走る線路の分岐切り替えレバーの近くにいる。レバーを倒してトロッコの線路を切り替えれば五人は助かるが、切り替えた先にも一人の作業員がいる。五人を助けるためなら一人を犠牲にしてもよいのだろうか」

政治哲学の授業であるが、私は小学校低学年のクラスで、子どもたちに尋ねてみた。

「五人を助けるためには、一人が死ぬのはしかたがない」

「どちらかしかないんだから、一人のほうを選ぶ」

こんな子どもたちの反応に対して、

「人の命は地球よりも重いと言われるのに、いざとなったらみんなは他人の命の重みを人数で判断するのか」

サンデル先生と同じように聞き返した。

「重さが同じなら、人数で判断するのはしかたがない」

「運命は決まっているから、切り替えレバーは倒さない」

私は道徳の授業でこのテーマを取り上げたのだが、人間は何を基準に判断すべきかという思考の土台を考えることができたと思う。

多くの教師は、きちんとした学びを子どもたちに提供したいと思っている。一方、手っとり早くウケる授業に走る一部の教師も存在する。

「笑いの絶えないクラスにしたい」

と思い込んでいるのだろう。頻繁にギャグを盛り込んで、授業の内容とは関係のないところで笑いをとろうとするのだ。それで生徒から人気が出れば、

「あの先生の授業は楽しい」

とポジティブな噂が広まり、顧客である保護者の評価も上がる。

だが、そういう人気は長続きしないのも事実だ。ある音楽教師が、ある教師を評してこんなことを言っていた。

「あの先生のクラスは、いつもはじめはいいんですけど……。二学期くらいになると、何か失速するみたいなんですよね」

それでも、手っとり早くウケようとする気持ちもわからなくはない。当の教師に言わせると、

「じっくり評価してもらえるのならいいんですが、保護者はすぐに結果を求める。毎日のように子どもに学校の様子を聞く。そうなると、楽しいという結果をすぐに残さないといけないじゃないですか」

となる。歪んだ顧客志向が教師をむしばんでいるのである。

２――見えざる苦情への準備

気を使う授業参観日

授業参観は、教師が保護者の評価を受ける場でもある。教師になって二年目の若手が言っていた。

「授業の前に、まず教室の掲示物から気を使います。一学期のことですが、授業参観が終わって教室で片づけをしていると、見知らぬ保護者が入ってきたんです。何か困ったことがあったのか聞いてみると、他のクラスの掲示物と見比べているんだと言っていました。最後にこう言われたんです。三クラス見たけど、先生のクラスだけ他と違いますねって」

別に違っていてもいいのではないかと思うが、この教師に言わせると問題はそんなに簡単ではないそうだ。

「ラインで情報が回るんだそうです。こっちのクラスは何が貼ってあり、こっちのクラスは何が貼ってないと……。保護者にそこまでされると、他のクラスと合わせないわけにはいかないですよね」

授業参観前日の放課後は遅くまで各教室の電気が灯り、担任が掲示物の確認に精を出すことも多い。掲示物の貼り方や何を貼っているかで、子どもたちの学力に大きな差が出るとは思えない。こんなことにまで力を入れざるをえないのも、学校の接客業化の弊害といえる。

管理職も授業参観の前は神経質になる。

「明日は授業参観なので、教室や廊下はもちろん、階段や昇降口の掃除も念入りにお願いします。下駄箱でも、上履きを上に置き、外履きを下にするように、学級で徹底させておいてください」

気持ちはわからなくもないが、風物詩のような台詞を聞くたびにげんなりする。これでは、自分たちの体裁のため「ふだんとは違う状態」にしようと言っているようなものだからだ。

「教室や廊下、階段や昇降口だけでなく、下駄箱もいつもきれいに！　環境は人を作ると言われます」

ふだんからこう言っているのであれば問題ないが、授業参観の前だけ注意喚起するのは考えものだ。子どもたちのためではなく、自分たちの保身のためだ。教師のこんな姿は子どもに見せられたものではない。

授業参観の準備はこれだけではない。当日の授業がスムーズに進むように、いつもなら板書している内容を画用紙にマジックで書いて、それを拡大コピーして、説明内容をいちいち板書しなくてもいいようにしておく。こうした準備が延々と続けられるのだ。

子どもたちに、

「いつもと違うね」

と言われるかもしれないが、保護者のためにここまで準備したということが伝われば意味はある。授業参観の主役は子どもたちでなく保護者なのだ。

たとえば、結婚式場のスタッフが式の準備に余念がないのは理解できる。主役は新郎新婦なので、二人に少しでも満足してもらおうと奔走するのは当然だ。では、学校の主役はいったい誰なのだろう。

「そんなの、子どもに決まっているでしょう」

自信を持ってそう言える教師が、どれほどいるのだろうか。

説明責任という難題

説明責任、英語にするとアカウンタビリティである。最近になり、学校でも用いられるようになってきた。教育の場で使われる場合は、

「保護者に突っ込まれたとき、説明のできないような指導はしないこと」

といった意味になろうか。

「学校は説明責任を果たしていません！」

何でもかんでも説明を求める保護者もいる。学校で起こるすべてのことに、保護者が納得する説明を用意することなど無理な話である。そもそも子どもというのは、突発的で説明不能な行為もするものなのだ。

「どうして、相手の子はちょっかいを出してくるんですか」

そんなことを聞かれても、担任は答えられない。

「おそらく、好意があるのでしょう」

とりあえず答えたとしても、

「好きなのに、どうしてわざわざ嫌がることをするんですか」

と返ってきて、答えに窮することになるのだ。

子どもに注意する場合は、教師は注意深く手順を踏んでいる。最初に、

「それは、君が先に悪口を言ったから始まったケンカだよね」

「うん」

というように、まず本人に非を認めさせるのだ。これをやっておかないと、

「先生が勝手にウチの子が悪いって決めつけたから、学校に行きたがらなくなった」

などと責任を転嫁される可能性があるからだ。

本人にやったことを認めさせた後は、何が起こったのか詳細に尋ね、一通り話を聞いた後で、その内容が正しいかどうか、もう一度本人に確認する。指導を行う際も、人権問題だなどと揚げ足をとられないように、十分に留意する。

一対一の指導では、

「先生はご自分の指導に問題はないとおっしゃっていますが、ウチの子に聞いたところ、かなり問題発言をされていると思います」

というように、こちらの主張を信じてもらえない場合がある。だから、こじれそうな場合は、複数の教師で対応することにしている学校も多い。

教師がそのためにとられる時間とエネルギーは、決して少なくない。

「休み時間に指導したいと思うんですけど、どこでやりましょうか」

「教室でやると、他の子の前で晒しものにしたと言われかねないから、相談室を使うことにしましょう」

「呼ぶ子はどこまで広げますか」

「ちょっと事情を知っている程度の子まで呼ぶと後が大変だから、完全に手を出した三人にしぼって呼ぶことにしましょう」

ちょっとしたケンカであっても、念入りな確認が求められる。あくまでも最悪のケースを想定してのことだ。こんな気配りをせざるをえないのが、今の教師なのである。

みんなが主役

顧客である保護者は、つねにわが子が晴れ舞台に立つことを求めている。学芸会で自分の子どもが目立たないと、

「ウチの子はどうしてあんな隅にいさせられるんですか」

となってしまう。教師はクラスの全員にスポットライトが当たるように配慮することが求められている。

たとえば、運動会の表現種目。大勢で踊ったりマスゲームのようなことをしたりするわけだが、表現内容とともに気を使うのが子どもたちの立ち位置だ。一人一回は保護者のシャッターチャンスがある場所に立てるように配慮する。背の高さ順のほうが見栄えがするような場合でも、

「途中で前後の列を入れ替えて、後ろに立っている子たちを前に出そう」

ということになる。立ち位置を替える場合は、動きの変化なども考慮しなければならず、

とになる。

音楽との整合性も考えなくてはいけない。結果、完成させるまでに膨大な時間がかかるこ

学校の音楽会でも同様に、そうした配慮が必要になる。たとえば、合奏曲を発表するような場合は、音の大きな楽器はどうしても目立つ。ピアノは誰もができるわけではないから上手な子どもに任せることになるが、小太鼓や大太鼓、木琴や鉄琴は誰もがチャレンジできるから希望者が多い。目立つし、面白そうだからである。

保護者の受けとめ方も同感だ。

「あら、音の大きな小太鼓になったの。それは良かったね」

ということになるが、大変なのが、選抜に落ちたりジャンケンに負けたりして、リコーダー担当になった子どもの処遇である。

リコーダーは静かな部屋で一人で吹くぶんには美しい音色が響き、音も目立つが、多くの楽器を使う合奏では、ほとんど音が聞こえない。教師はやむなくリコーダーが目立つ部分を作ろうとするのだが、それでも派手さはない。みんなが主役の音楽会なのに、これでは不公平だということになる。

そうすると、楽譜を変更するしかない。リコーダーがもっと目立つように、純粋にソロのパートを作るのだ。それでも不十分な場合は、動きを入れたり手拍子を入れたりして、

少しでも派手さが演出できるようにする。教師の本業は編曲でも演出でもないはずなのに、ここまでやっておかないと後が怖い。

本来であれば、

「音が大きいから主役、小さいから脇役ということではありません。子どもたちが納得したうえで分担を決め、みんなで努力することに意味があるのです」

と正論で説得したいのだが、絶対に納得しない保護者もいる。

じつは音楽会では、ピアノを担当する子どもの選抜でも苦労する。学年職員と音楽専科の教師とでオーディションに立ち会っても、

「選出の基準が示されていない」

と再選考を求められることは日常茶飯事だ。時間をかけて基準を説明しても、

「学校長が立ち会わないと、信用できる結果とはいえない」

と反論されたことがある。ああ言えばこう言う状態である。ついには、

「オーディションの様子を見学してもよろしいでしょうか」

という要望までくる。そんなことをしたら、子どもまで騒動に巻き込まれてしまう。だから、音楽会のピアノのオーディションで落ちた子には、終業式や卒業式など、別の舞台を用意することになる。そんな配慮で、次の苦情がこないようにしているのだ。

運動会にビデオ判定が導入された理由

私が今まで勤務した学校では経験がないが、今どきの運動会ではビデオ判定を実施するところもあるらしい。以前、松岡修造さんが司会のバラエティ番組で、運動会のビデオ判定について取り上げていたのだ。

番組では、学校の先生が抱える「運動会の悩み」をピックアップ。徒競走のビデオ判定は近年、導入に踏み切る学校が増えているということで、ｉＰａｄなどを使ってゴールを撮り、教師の目では判定しきれない接戦のときや、順位に納得しない保護者がいるときには、揉めごとを避けるためにビデオ判定をしているとのことだった。

ビデオ判定は未経験だったが、導入された理由はわかるので、

「ついに、ここまできたか……」

複雑な思いが胸中を駆けめぐった。

ビデオ判定とまではいかないが、それに近い例を耳にしたことがある。徒競走ではなく、リレー競技でのこと。ゴールテープのところで、担当児童と一緒に順位を見守っていると、二人の走者が競り合いながら入ってきた。僅差だったが、教師と児童ともに同じ順位であることを確認し、それぞれの等賞旗の場所に連れて行った。

その日は特に問題はなかった。ところが、二日後。担任のところに苦情が入ったという。

「ウチの子がどうして二番なんですか。カメラを見ると、先にテープを切ってるのは、間違いなくウチの子です」

示されたデジカメの画面は着順がはっきりせず、とてもではないが順位を覆す材料にはなりえないものだったという。そのことを指摘しても、なかなか納得しない。

「先生はこの画面を見て、ウチの子が先にゴールしたってわからないんですか。いいから、早く順位の訂正をお願いします」

運動会は終わっていて、着順を変えることは不可能だ。いや、それ以上に意味がない。

スポーツは本来、フェアプレーとフレンドシップという理念にもとづいて行われるべきものだ。フェアプレーには審判の尊重も含まれていなければならない。そもそも、レフェリーの語源となった「refer」には、「問題の解決を委ねる」といった意味がある。委ねた以上、判定に従うのが筋だ。だが、

「そんな過ぎたことを蒸し返したって、何の意味もありませんよ。こだわっているのは親御さんだけで、お子さんはもう次の目的に気持ちが移っています」

などと言おうものなら、薄情な教師の烙印を押されてしまう。

こういう苦情が続けば、学校もやむなくビデオ判定を導入することになるのだろう。

「そんなことをしたって、子どものためにはならない」

教師の誰もがそう思っているはずだが、実際には言えない。顧客である保護者の要望には真摯に向き合うしかないのだ。そんなことをしていると、ますます本業にかける時間は削られていくのに……。

今年もまた運動会の季節がやってくる。いずれ、私の勤務する学校にもビデオ判定が導入される日がやってくるのだろうか。動画だけでは正確ではないので、世界選手権やオリンピックのように、写真判定まで導入される時代がやってくるのだろうか。

そこまでくると、学校内に運動会不要論が巻き起こる可能性がある。子どもが主役のはずなのに、大人たちのエゴが目にあまる昨今の運動会事情。子どもたちが体力を高め、互いに切磋《せっさ》琢磨《たくま》するという本来の趣旨に戻ることを願ってやまない。

コンプライアンスの強化

コンプライアンスは「法令遵守」と訳される。主に、企業が法律やルール、社会的規範を守って活動を行うことを指している。この言葉が、教育委員会から送られてくる文書に頻繁にあらわれるようになってきたのは、ここ最近のことだ。

たとえば、子どもに対するセクハラ。男性教師だと、女児を膝の上に乗せることなど、もってのほか。特に低学年の子どもだと、教師の背中に乗ったりまとわりついてきたりするのだが、これもＮＧとされている。それが誰かの目に不快に映る可能性があれば、即刻中止すべきということになったのである。

教師による子どもへの性犯罪が起こるたびに、世間の教師に対する目は厳しくなってきており、学校は万全の対策を求められている。

だから、いくら相手が子どもだといっても体育の着替えや水泳指導などでは気を使う。指導の過程でたまたま身体に触れることがあったとしても、

「先生、何か怪しいんじゃないの」

と妙な噂が広がるリスクもある。保護者からの苦情を恐れる教師としては、子どもと一定以上の距離を保つようになる。それでよそよそしくなってもしかたがない。妙な憶測をされるより、よほどましだという判断である。

また、子どもに対するパワハラについても留意するよう、頻繁に管理職が教職員に呼びかけている。教育委員会から各学校で徹底するように繰り返し指導を受けているので、しかたがないといえばそれまでだが、毎学期同じようなことを言われてうんざりする。

ただ、それも致し方ないと感じられる出来事も多い。近頃では、

「ちゃんと宿題をやってこないのなら、休み時間なしでやりなさい」

指導しただけで、もう学校には行きたくないと言い出す子どももいるのだ。保護者から

は、案の定、

「先生の指導が厳しすぎるのが問題です。これってパワハラじゃないんですか」

苦情の電話がかかってくる。

文部科学省は「問題行動を起こす児童生徒に対する指導について」という通知のなかで、体罰の捉え方について「以下のような行為は、児童生徒に肉体的苦痛を与えるものでない限り、通常体罰には当たらない」と指摘している。

《授業中、教室内に起立させる。学習課題や清掃活動を課す。学校当番を多く割り当てる。》

宿題を忘れた子どもに対して、それを休み時間にやるように指導するのは当然のことだ。宿題をしなくても休み時間にみんなと同じように遊べるのなら、集団の規律が守られるはずがない。

それでも、子どもの、

「もう学校には行きたくない」

という言葉は教師への効果的な脅し文句だ。だから、休み時間に子どもに勉強をさせる

際には、

「宿題をやってきていなかったので、私も一緒について完成させました。何とか終わらせて、その後は元気に外で遊んでいました」

大事をとって、保護者に連絡する教師もいる。

教師はその子どもが宿題をやってこなかったことを保護者に伝えるためではなく、本人の人権を無視して無理やり勉強させたのではないということを伝えるために電話しているのだ。

「そんなところまで気を使うの?」

そんな声が聞こえてきそうだ。だが、今の学校は、そこまで気を使わないと運営できないところまで追い込まれている。通信機器の発達とともに、従来は個別に学校や教師に要求や要望を出していた保護者たちが、時に束になって異議申し立てを行うようになったからだ。

「他の保護者の方も同じ意見ですよ」

脅しに近い言い方で迫られる場合もある。だから、学校としては、苦情がきてから対処するのではなく、苦情がこないように気をつけるという姿勢を徹底せざるをえないのだ。

第4章　学校にも押し寄せる変化の波

接客業化した学校の実態と、その弊害について述べてきた。私が問題だと考えているのは、保護者が学校に求めているのが、子どもたちの将来を見すえたうえでの要望ではないという点だ。

前章まででご紹介したように、一部の保護者は子どもたちの「今」だけを見て、ピアノの伴奏者にしてくれ、リレーの選手にしてくれと言ってくる。わが子に挫折を経験させることは許さないという態度だ。

「ここでの成功体験が未来の自信につながるんです」

と反論する保護者もいそうだが、将来ピアニストや陸上選手になるような子どもであれば、合否ギリギリのラインで一喜一憂するはずはない。そうした保護者の要望は、しょせんはわが子に残念な思いを味わわせたくない、わが子の活躍する姿を見たい、という親のエゴに過ぎないのだ。

ところで、このような過保護で過干渉な環境のなかで育った子どもたちが、大人になったとき社会に出てやっていけるのだろうか。答えは否定的にならざるをえない。

厚生労働省の調査（二〇一九年発表）によると、新規高卒就職者の約四割、新規大卒就職者の約三割が、就職後三年以内に離職しているという。そのすべてが、仕事が大変だからという理由で職場を離れたわけではないだろうが、この数字を学校教育の問題だと指摘する声もある。ましてや、今の子どもたちが大人になる頃には、どのような状況になるのか。

今の子どもたちを待ち受ける未来、社会はどのようになっているのだろうか。本章ではそれを考えてみたい。

1——子どもたちをとりまく環境の変化

不穏な国際社会

国際情勢は、混迷を極めている。日本が同盟を結ぶアメリカは社会の分断が進行し、世界のリーダーたる役目を放棄しようとしている。トランプ大統領が時に発信する「自国の防衛は自国で！」という同盟国との今までの関係をゼロベースにしかねない姿勢は、今後わが国の防衛だけでなく他国との関係にまで大きな影響を与えかねない。

中国の未来もまた不透明だ。新型コロナウイルス感染症の流行は、多くの人の命を奪っただけでなく経済にも大打撃を与えた。電化製品や自動車の部品など、多くの生産を委ねているわが国にとって、チャイナリスクを改めて浮き彫りにさせた。

米中だけではない。隣国の韓国、台湾、ロシアとの付き合い方も難しい。韓国は、いまだに政権を維持する手段としてジャパンバッシングを繰り広げている。台湾も親中派が総統になる事態になれば、日本との関係が緊張する恐れがある。ロシアに至っては、北方領土の問題が解決する兆しすら見えていない。

われわれ日本人は、こうした難しい国々と将来にわたって付き合っていかなければならない。どの国をとっても、虎視眈々と自国の利益を追求する強か《したた》さを持っている。

対して、日本はどうかというと人口減に歯止めがかからない。内閣府の試算によると、現在一億二千六百万人の人口が、二〇四八年には一億人を割って九千九百十三万人程度となり、二〇六〇年には八千六百七十四万人程度になるものと推計されている。さらに長期的に見ると、二一一〇年には四千二百八十六万人程度になるものとなっているから驚きだ。

そして、その多くが高齢者ということになる。

人口面から考えると、日本は確実に斜陽の一途をたどるのだ。当然のことながらGDPは落ち込み、社会保障も現在のように行き届かなくなる。現在は何かあったら国が救いの手を差し伸べる体力があるが、今の子どもたちが大人になった頃には、

「自分のことは自分でお願いします」

という社会が到来しているのではないか。親が手厚く面倒を見て、学校ではなるべくストレスを与えないように育てられてきた子どもたちが、いきなり過酷な大海原に放り込まれるのだ。そこでは海千山千の外国人たちが鎬《しのぎ》を削り、国内に目を向けても、子ども時代のような至れり尽くせりの環境はない。

「先生のやり方が悪い」

では、何も解決しない世界なのだ。子どもの将来を考えるのであれば、時に突き放す教育も大事だと思うのは、私だけだろうか。

職場の上司は外国人

すでに日本は国内の人間だけでは労働力をまかなえなくなっている。定年延長、高齢者の積極的雇用など対策はとっているが、それでは限界がある。政府が外国人労働者の受け

入れを拡大する改正出入国管理法を施行したのは、このような背景がある。

さて、子どもたちの未来。左のデスクは中国人、右のデスクは韓国人。離れて座る上司がアメリカ人という時代がやってくる。日本にやってきて働く外国人はタフだ。自分の国に見切りをつけ、または新たな新天地として日本を選び、場合によっては一言も日本語を話せないのにやってくるのである。

日本人を雇うのを止め、社員を全員外国人にしたという会社の経営者は、

「日本人より外国人のほうが、精神的にタフです。日本の若者はすぐに泣きごとを言い、厳しくすると会社にこなくなる」

テレビのインタビューでそう語っていた。

今では外国人の経営者も多い。カルロス・ゴーンは日産の社長になると関連会社を含めて四万人規模のリストラを断行した。その少し前に倒産した山一証券の野沢社長が「社員は悪くありませんから」と涙ながらに訴えたのとは対照的だ。

ゴーンと野沢社長どちらが正しくて、どちらが間違っているという話をしたいわけではない。当時の日本人が驚いた海外のドライなやり方が、これからはさらに浸透してくるということを言いたいのだ。日本人は今でも終身雇用を基本に考え、職場に安定を求める。対して世界の多くの国では、会社というのは契約相手に過ぎない。条件しだいでいつでも

辞めるし、会社もいつ従業員を切り捨てるかわからない。

メジャーリーグの世界では監督が、

「あの選手には、引退まで頑張ってほしい」

直前にそう言っていながら、翌日にはトレードに出されるなんてことも普通にあるようだ。

「チームにいてほしかったが、われわれとしても苦渋の決断だった」

インタビューでそう答えていても、それはあくまでもリップサービス。日本のプロ野球選手がFA宣言しておきながら、記者会見で古巣への愛を号泣しながら語るのとは大違いだ。泣くほど移籍したくないのであれば、そもそもそんな選択はしない、というのが世界の常識だ。

細やかな人情と気配りを大切にする日本人と、契約に関してあくまでもシビアにとらえる外国人。もともと、育ってきた歴史から大きな違いがある。そんな彼らと一緒に仕事をすることになるのだ。英語は日本語と比べてストレートな言い回しが多いが、彼らが強い表現を使っても決して悪気はない。ただ、よけいな配慮もない。

将来そういう環境に置かれる子どもたちが学んでいる学校現場には、

「もっと、子どもの心情を汲んでください」

という強力な圧力がかかっている。これ以上子どもを過保護にして、将来社会に出てやっていけると思っているのだろうか。

何のためのプログラミング教育か

技術革新がすさまじい勢いで進む現代社会。これまで人間にしかできないと思われていた仕事の大半が、やがてＡＩを搭載したロボットなどの機械にとって替わられる。「二〇五〇年には、雇用の九割が人工知能とロボットに奪われる」といった衝撃的な予測もある。国立情報学研究所の新井紀子氏は、計算や暗記能力で人間はＡＩに対抗できない、だから、読解力や理解力を高めることが重要になると訴える。新井氏は中高生の読解力向上が課題だと指摘し、また人間ならではの能力として臨機応変力を挙げている。「考えること」が重要なのだ。

高度な思考力を育む必要があるのに、今の学校は簡単にギブアップする人間を量産している。

「できない！」

簡単な課題でも涙ながらに訴える子どもに対して、学校も教師もなすすべがない。

その一方で、二〇二〇年度から小学校ではプログラミング教育が始まった。

そのねらいについて、文部科学省は次のように説明している。

《コンピュータをより適切、効果的に活用していくためには、その仕組みを知ることが重要です。コンピュータは人が命令を与えることによって動作します。端的に言えば、この命令が「プログラム」であり、命令を与えることが「プログラミング」です。プログラミングによって、コンピュータに自分が求める動作をさせることができるとともに、コンピュータの仕組みの一端をうかがい知ることができるので、コンピュータが「魔法の箱」ではなくなり、より主体的に活用することにつながります。》

コンピュータに支配されないようにするため、みずから支配できる能力を育もうというのである。

はっきり言って、馬鹿げた考え方だ。ちょっと授業で取り扱ったからといって、主体的にコンピュータを活用する術が身につくはずがない。言葉は悪いが、こんな「食い散らかし」のような授業に時間をとるのであれば、読解力・表現力などを磨くことや、論理学を学んだりするべきなのだ。その過程で、

「これはコンピュータのプログラミングも知っておかなくては……」

という段階になったとき、学びはじめればいい。長年、学校英語は受験のためにしか役に立たないと揶揄《やゆ》されてきたが、プログラミング教育もまったく同じ轍《てつ》を踏んでいる。

「教えない授業」で学べること

現在は社会の変化のサイクルが人の一生よりも早い時代だといわれる。極端な言い方をすれば、今日身につけた知識が、明日には古くなっていることもある。学校で学んだ知識や技術が、社会に出たら役に立たないという事態も想定される。

では、学校は子どもたちに何を教えればいいのか。それは、どうすれば必要な情報が得られるのか、どうすれば必要な技術を身につけられるのか、つまり「獲得の方法」ではないだろうか。

社会の在り方が変わったのだから、学校のスタンダードも変わる必要がある。みずから課題解決していく授業への転換だ。

三十年以上前の実践になるが、ロサンゼルスの公立高校で数学担当のヒーリー先生が展開した「教えない授業」は教育者のあいだでよく知られている。授業では教科書を使わず、生徒は与えられた課題を解決するため、図書館で調べ物をしたりコンピュータで検索したり、仲間同士で話し合って問題を解決していくのだ。つまり「自分たちの力で学びの材料をすべてそろえる授業」である。

生徒は自分たちの力で何とかするしかないと観念し、互いの意見に耳を傾け合い、どんな意見でも真偽を確かめ、それをもとにまたみんなで考え合うというスタイルで学んでいった。その結果、学びが真に自分たちのものになっていったのだという。

だが、そんな授業を日本で行ったら、どうなるだろう。

「今度の先生は、ちゃんと教える気がない」

間違いなく苦情が集まるはずだ。だが、もう一度考えてみてほしい。歴史の時間に織田信長のことを習い、たとえば一五六〇年、桶狭間の戦いで駿河の戦国大名・今川義元を撃破したことを覚えて何の意味があるというのか。そんな知識はスマホで調べればすぐに手に入る。一方、ヒーリー先生がやったように、

「桶狭間の戦いの場所は実際はどこにあったのか」

という問いを立てて、仮説を検証していくプロセスには大きな学びがある。

じつは歴史学者のあいだでも、桶狭間の正確な場所についてはさまざまな意見がある。この問いを解決していくためには、過去の文献調査、地形の調査、資料の比較、仮説の修正など、さまざまな学習要素が求められる。必然的に、社会に出てから必要になる粘り強く取り組む能力、仮説を検証していく能力、仮説を修正する能力、仲間と異なる情報を共

有する能力など、さまざまな能力が身につく。決して織田信長を学ぶのではない。織田信長で学ぶのだ。

正しい結論なんて、出なくてもいいのだ。結論を出そうと四苦八苦するプロセスにこそ大きな意味がある。

「そっちのほうが断然ウチの子に得じゃないの」

保護者も学校から詳しく説明されればわかるはずなのだ。

環境問題と子どもたち

地球規模での環境変化も、子どもたちの未来に大きな影響を及ぼす。

二〇二〇年二月十四日、南極で観測史上最高となる二〇・七五度の気温が観測された。南極の気温が二〇度を超えたのははじめてだという。南極大陸は膨大な量の氷を抱えており、南極氷床は地球上のおよそ七〇パーセントの淡水を蓄えているといわれている。この氷床が解けると海面上昇につながり、一部の沿岸都市が水没する可能性もある。

また、気象庁は二〇二〇年二月二十二日、関東地方で春一番が吹いたと発表した。二〇一九年、関東地方で春一番が吹いたのは三月九日だった。普通なら二月というのは冬の最中だ。

地球温暖化が進行すると作物の生産高が地域的に減少し、利用可能な水も減少する。人間の生活に大きな影響を与える事態となるのだ。二〇五〇年に食糧を奪い合う時代が到来するという予測も納得がいく。

おそらく、今後の日本にはさらなる異常気象が襲いかかるだろう。そうした環境の変化にも、あわてることなく冷静に対処できる人間を育てることが、学校に求められる役割でもある。子どもたちが生涯にわたって無事に、生きがいを持って生きていける術を身につけられる学校にしなければならない。社会の在り方が変化しても、臨機応変に生きていける力を育まなくてはならない。

接客業化した学校では、その使命を果たすことができない。現実に差し迫った状況が、もうそこまできている。

2——学校に期待しない風潮の蔓延

学力は塾任せでいいのか

最初に断っておくが、私は学習塾の存在を否定するつもりはまったくない。いわゆる私塾は江戸時代にすでに存在していて、学者が自宅に生徒を集めて、儒学や医学、兵学、蘭学など、さまざまな分野を教授していた。塾とはそもそも専門的なことを学ぶための場所で、藩校や寺子屋とは一線を画した機関であったのだ。

現在も多くの子どもたちが自分の興味関心にもとづいて、野球、サッカー、ラグビー、水泳、ピアノ、習字など、さまざまな習いごとに通っている。私は、学習塾も同じ部類に入ると思う。ただ私が気になるのは、子どもの勉強について、学習塾をメインに考えている保護者がいることだ。

塾の講師よりも公立学校の教師のほうが指導技術が上だなどと主張したいわけではない。純粋に受験技術を身につけるには、塾に通ったほうがいい。塾の講師はよく研究もしているし、中学受験を意識した保護者が、教科書をだらだら進める公立小学校より塾のほうに期待するのももちろん理解できる。

ただ、そのうえで私は「学力とは何ですか」と尋ねたいのだ。

本当の学力とは、思考力や課題解決力に富み、どんな問題が立ちはだかっても臨機応変に解決できる能力のことだ。それは入試問題を解く能力とは一線を画する。

「この子は進学塾のなかでもトップクラスの成績だそうだから、学校にはこなくても平気よね」

と言っていた同僚がいたが、私には受け入れられない。教育とは、

「子どもたちが生きていくうえで困らないための術を身につけさせること」

であって、それはやはり学校で身につけられるものなのだ。私は今こそ、これからの時代を生きていく子どもたちに必要な「学力とは何か」の議論が必要だと思う。

曲解されるオンリーワン

多くの子どもたちが生活する学校では、個別の子どもにスポットライトが当たる機会はなかなかない。前述したピアノの伴奏や、リレー選手の選考で揉めるのは、その数少ない機会を奪い合うからだ。

では、どうしたらスポットライトを浴びることができるのか。その要望に応えてくれる場所が、各種のスポーツクラブである。たとえばサッカーチームに入れば、レギュラーは十一人。注目を浴びる機会は、断然学校よりも多い。実力ごとにチーム分けをしているところもあり、

「先生、僕、BチームからAチームに上がったよ」

とうれしそうに報告してくる子どももいる。

そんな子どもたちの達成感は大切にしたいと思うし、本当に本人が希望して頑張っているのならまったく問題はない。だが、私はかならずしもそうではない場合があるようにも

感じている。

週末にスポーツクラブで頑張りすぎて、月曜日に登校しても保健室でずっと寝ているという子どもがいる。話を聞くと、スポーツクラブに通わせている親が、

「せっかくレギュラーをつかんだのだから、他の子に渡すわけにはいかない」

といったプレッシャーをかけているようなのだ。わが子にスポットライトが当たる機会だからである。

私は、今の学校の問題点の一つに、過度な平等主義があると思う。クーピーの種類も、体操着も、給食着も何でもかんでもすべて全員が同じにしなくてはならない。

私はクーピーは二十四色でも十二色でもかまわないと思うし、体操着も何を着ようが問題ないと思う。別にTシャツに短パンで体育の授業を受けても支障はないはずだ。給食着も白い割烹着である必要はない。ピンクのエプロンでも、ジーンズ生地でもかまわない。

そんなところをそろえてもそろえなくても、子どもたちの将来には何の影響もない。だが、

「給食割烹着は止めて、エプロンでもいいことにしませんか」

と変更を求める保護者の声をただの一度も聞いたことがない。私は、そうしたところにこそ、オンリーワンを求めてもいいのにと思う。

保護者の多くがオンリーワンが良いと言いながら、じつは人と違うことを極度に恐れ、

一方でわが子にスポットライトが当たらないこと（ナンバーワンでないこと）にひそかに不満を抱いているのが現状ではないだろうか。その結果、歪んだエゴイズムの波が学校に押し寄せているのだ。

熾烈な親の居場所作り

進級して、第一回目の授業参観や懇談会の後。多くの保護者が集まって、真剣な表情で顔を突き合わせている。何をしているのかというと、ラインの交換をしているのだ。

「クラスのことで知らないことがないように、情報を交換したい」

気持ちはわかるが、鬼気迫る様子からは、何かそれ以上のものを感じてしまう。ある保護者からラインの中身に関する話を聞いたことがある。

「先生。絶対に内緒でお願いしますね。それで内容なんですが……ママ友のラインなので、学校に関係することがほとんどです。行事の予定とか、知っている範囲で情報交換するんですけど……。なかには、先生の悪口を書き込む方がいて、既読スルーだとその方との関係が難しくなるから、適当に相槌を打っていると、どんどん書いてくる中身が過激になってきたりするんです」

なかには、

「ママ友との関係が嫌になって、グループを一つ脱退しました。今は、比較的穏やかな方とつながっています」

そんなケースもあるという。

子どもたちも、もちろん仲間の輪から外れることを嫌がる。そんな感情がエスカレートし、親の財布からお金を盗んだという事例もある。友だちに何か奢ってあげることが目的だ。だが、そうした過度な仲間意識は、決して子どもたちのあいだだけのことではない。ライン交換はその顕著な例だが、最近の授業参観は親たちの仲間作り、居場所作りの場にもなっている。

たとえば、廊下で他の保護者とおしゃべりばかりして、一度も教室に入らない保護者がいる。子どもの様子を見ることより、ママ友を作ることを優先しているのだ。もちろん一部の保護者ではあるが、授業参観ではつねにこういう保護者がいて、なかなか改善されない。廊下に張り紙をしても、学校だよりで訴えても効果が薄い。

だが、思わぬことで保護者のおしゃべりがストップした事例がある。

「先生。廊下がうるさくて、先生の話が聞こえない！」

低学年の子どもが、教師に訴えたのだ。同時に、廊下にいる保護者に訴えた。

「先生の話が聞こえないので、静かにしてください！」

一瞬にして効果が出たのは、子どもに言われて恥ずかしかったからだろう。ただ同時に、おしゃべりをしていた保護者はこう思ったはずだ。

「ここで他の親を敵に回したらまずい」

こうしてそのクラスでは、授業参観中の廊下でのおしゃべりが激減したという。

関心があるのは、わが子の授業中の様子でもなければ、ましてや授業の中身でもなく、仲間作り、という昨今の授業参観の現実には、危機感を感じざるをえない。プライベートとパブリックの線引きがあいまいになっている証拠だからだ。そしてこれは、教師の接客業化とコインの裏表をなす状況ともいえる。

本当なら保護者にも教師にも、自分を犠牲にしてでも子どもたちを大切にする、という大人としての姿勢が不可欠なのである。授業参観という多数の大人が集う場所でそれが見られないのでは、先が思いやられる。

「先生の言うことなんか聞かなくてもいい」

今の教師たちは、本当におとなしくなった。下手なことを言ったら、保護者のバッシングに遭うという意識が頭に叩き込まれている。子どもに注意をするときも、

「○○さん、いけませんよ！」

名前を呼び捨てにするようなことはない。

子どもたちも教師の置かれた状況を察知していて、少しでも注意が厳しいと伝家の宝刀「学校に行きたくない」を抜く子どももいる。教師も学校も、この言葉に弱いと知っているのだ。厳しく注意して、

「先生、パワハラになりますよ」

と言い返されたという話も耳にする。悪いことを悪いと言うのが難しい時代なのだ。

「先生の言うことなんか聞かなくてもいい」

平気でそう公言する保護者もいるという。教師が絶対的に正しいと主張するつもりはないが、注意を聞きたくない内容、相手であれば、無視をしてもかまわないということを大人が教えているとしたら問題である。

ある地域の方が愚痴を言っていた。

「近くの子が危ないことをやってたから、注意したんだよ。そうしたら、母親が怒鳴り込んできて、ウチの子に関わらないでほしいって言うから……。まあ、今どきの親っていうのは、そんなものなのかねえ」

京都大学名誉教授で教育哲学者の和田修二先生は「価値観が多様化すると、エゴイズムが進む」と指摘されているが、それはつまり価値観の相対化に拍車がかかると、

「ウチはウチだから、干渉されたくない」

という身勝手な解釈が出てくるということだろう。

明らかに他人に迷惑をかけているのに、「ウチとしては迷惑をかけたなんて、思ってないから……」という論理だ。日本人が共有していたはずの常識が瓦解し、他人に迷惑をかけてでも自分たちの欲求実現を優先する風潮が広がってきた。その流れの先に、

「先生の言うことなんか聞かなくてもいい」

という言葉があるのである。

だが、そういう環境で大人になって困るのは当の子どもたちのほうだ。それがわかっていて、

「先生。もっとしっかりしてくださいよ」

と叱咤激励してくれる保護者の方も多い。学校教育のあり方を見直す転換期がきているような気がする。

第5章 脱接客業化宣言

教師が接客業化したことで、学校は以前より良くなっただろうか。

「○○君とは別のクラスにしてください」

毎年、年度末近くになると、次学年の学級編成にあたり特定の子どもと違うクラスにするように保護者からお願いされることがある。それ自体は以前からある、年度末の一つの風物詩だ。ところが、ここ数年は、別の種類の要望が出されるようになってきた。

「○○さんと同じクラスにしないでください」

この○○さんというのは、保護者の名前だ。つまり、保護者のなかに自分と合わない人がいるから、配慮してほしいというのだ。もちろん、ハイとは言えないので、

「検討してみます」

とお茶を濁すしかない。

あるとき、その要望に応えられなかった。もちろん、事前に保護者に話すことなどできない。始業式、新しい学級が発表になった日の午後、職員室の電話が鳴った。

「前もって先生に頼んだじゃないですか。先生も頼まれておいてそうしなかったというのは、私の言ったことを忘れていたんですか」

担任は四苦八苦しながら、

「子どもたちの関係について考慮するのが第一ですので、ご要望に沿えませんでした」

と応じたが、いくら説明しても納得しなかったという。

ここでもはっきり見てとれるのは、「顧客である保護者が頼んだのだから、サービスを提供する側である学校はそれに応えて当然だ」という姿勢である。

こういう場面で接客業化の限界が見えてくる。そもそも、

「保護者のAさんとは仲が良いので一緒のクラスにしてください」

と保護者のBさんが要望し、一方のAさんからは、

「Bさんと一緒にいると疲れるので、別のクラスにしてください」

と両立できない要望が届くこともある。個別の要望に八方美人で対応することはできな

いのが学校という場所なのだ。

学校の主役は子どもである。その軸をブレさせない覚悟が必要だと私は感じている。

1――接客業との決別

目指せ、名物教師！

前にも紹介したように保護者からは、

「どのクラスも同じように指導してほしい」

という要望が届く。だが、同じような指導をしていると、

「どの先生も特徴がなくて、つまらない」

という批判も出る。顧客としての保護者は学校に高いレベルでの均質性を求めながら、同時にプラスアルファの異質性も求めているということだ。

「ウチのクラスは、他のクラスより盛り上がっていていいですね」

という保護者の感想は、そんな欲求を如実に表していると思う。

そもそも、教師がみんな同じである必要などないのだ。社会に出れば、さまざまな同僚や上司と付き合わなければならない。

評価ばかり気にして、上司にゴマをする同期。体育会系のノリで疲れ知らずの同僚。指示ばかりして自分ではろくに仕事もしない上司。社長以上に切れ者だといわれる部長。まさに多種多様な能力と個性を持つ人間との共生が求められる。部下の手柄を横どりする上司もいれば、ささいなミスで厳しく叱責する上司もいるだろう。

「ウチの子が職場で怒鳴られて、会社に行きたくないと言っています」

保護者は会社にそんな電話をかけるのだろうか。

「ウチの子が頑張ってとってきた仕事なのに、課長さんが自分の実績として社長に報告している」

そんなことを会社に訴えたとしても、誰もとりあってはくれないだろう。社会に出れば誰もが、自分の力で生き抜いていかなければならない。学校という機関は、そんな社会に出るための準備や訓練をする場でなければならない。

だから私は、かつて多くの学校に存在していた「鬼の○○先生」といった存在も必要だと思う。強面の教師と触れ合う経験をしておけば、会社で怖い上司の下についたとしても、何となく接し方がわかるはずなのだ。その結果、

「あいつは、なかなか見どころがある」

と評価が上がる可能性もある。

社会に出れば理不尽なこともあろう。学級懇談会の席で、私はクラスの保護者にこんな話をしたことがある。

「大人になって社会に出たとき、誰でも一度や二度……いや何度も、理不尽な出来事に遭遇するはずです。だとしたら、小学校でも理不尽さに対応できる力を身につけなければなりません。担任である私がわざと理不尽な目に遭わせるようなことはしませんが、友だち同士で生じる理不尽な出来事にあえて解決の手を差し伸べないことはあります。我慢を強要することになるかもしれませんが、それは、すべて子どもたちの未来のためです。大人になって不測の事態に遭遇したとき、『ああ、あのときはこうやって乗り切ったな』という経験値を増やしていきたいのです」

保護者の多くは、この話に納得してくれた。親にとっても、子どもたちの未来は何より大切なのである。

だから、学校は臆せず名物教師の誕生を奨励すべきだ。毎朝、校門に立ち、

「みんな、今日も元気に頑張ろうぜ！」

と大声で訴える熱すぎる教師がいてもいい。

図書室に入りびたる「本の虫」とあだ名される教師がいても面白い。

「文学作品というものは、作者の苦悩の結晶です」

眉間に皺を寄せながら朴訥《ぼくとつ》に語っていく、通称「笑わない男」と呼ばれる教師がいたってよいではないか。

「先生方は、みんな同じようにしてほしい」という要望は根強いが、そんな教師が子どもたちの「生きる力」を育むことができるとは私には思えない。今こそ名物教師が必要なのではないのか。教育現場にいる者の一人として、強くそう感じている。

親や地域の声に右往左往しない

現在の教育現場は保護者の言うことに耳を傾けすぎて右往左往している。だから、極論に聞こえるかもしれないが、学校は親の意見を一度シャットアウトするくらいの姿勢を持つべきだと私は思う。学校は専門機関として責任を持って子どもたちを預かっているというプライドを持ち、自分たちの方針を貫くべきだ。

「それはあまりに過激なんじゃないですか」

教師たちからもそんな声が聞こえてきそうだが、私はそのくらいでちょうどいいと思っている。今や学校や教師たちに、保護者や地域の声は絶対だという意識がすり込まれてしまっているからだ。

どの管理職も同じように言う。

「保護者や地域の方との人間関係を大切にしてください」

そんなことは言われなくても、当然の前提である。人間関係が円満なほうが、われわれ教師にとってもやりやすいし、精神衛生上好ましい環境でもある。

だが、それは保護者や地域の声は絶対だということを意味しない。もっとも大切なのは子どもたちの成長であり、それを妨げるのであれば、学校は外部からの声を遮断すべきなのだ。その原点を見失うと学校の存在理由がなくなってしまう。

以前、変わり者として知られるある校長がこんな発言をしていた。

「保護者との人間関係を切ってでも、先生方は正しい方向に進んでいってください」

子どもたちのためにならないのであれば、負の要因はすべて切り捨てる覚悟が教師には必要だと説いたのだ。

これはだいぶ前の話だが、職員室にいきなり地域の方が怒鳴り込んできたことがあった。

「来月、第四土・日曜日は神社のお祭りって決まっているのに、そこに運動会を持ってくるとはなにごとだ！　即刻、延期なり中止なりしろ」

学校としても、地域のお祭りがあるのはわかっていたのだが、他の学校行事や授業との兼ね合いで苦渋の決断をしたわけだ。神社側に相談なり報告なりをしておくべきではあったが、いずれにしても、やむをえない事情ではあったのだ。

「次年度以降は、このようなことがないようにします」

学校側の人間が平身低頭で謝ったが、相手は納得しなかった。

「後から日程を決めたのは、そっちのほうだ。運動会の日どりを変えるまで、俺はここを動かん！」

あまりの勢いに圧倒され、一度決まった運動会の日程を変更することになったのだった。

知り合いから聞いた、以下のような事例もある。もともと、その学校では大々的に学芸会を実施していたようだが、ある年、取り止めることに決めた。各教科を教える時間があまりに不足していたためだ。だが、

「毎年楽しみにしているのに、私たちの楽しみを奪わないでください」

何人もの保護者からの要望で、学芸会を急遽やることになったというのだ。学芸会の準備は、衣装の用意、道具の作成、台詞の練習など、何しろ時間がかかる。ただでさえ時間が足りないのにと、教師たちは大あわてだったそうだ。

「昔のように時間数に余裕があるわけではないんです。道徳は教科になる。英語が入ってきて、パソコンを活用した授業も導入する……。ウチの学校も完全にテンパっています。そのうえに学芸会ですから……」

余波は授業進度の遅れというかたちで、後々まで響いたという。たしかに、学芸会でも

音楽会でも文化祭でも、子どもたちにとっては貴重な経験になるが、すべてをやっていると、教科書は終わらない。学校は年間計画どおりに授業を進めるべきなのだが、保護者の要望でそれができなくなるという事態が起きるのだ。

「学芸会実施の有無は学校で決めます」

本来なら、そう毅然と言い放つ姿勢が必要である。そうしないと結果的に、子どもたちがそのツケを払うことになるのだ。

必要不可欠な厳しさ

教師の多くは、保護者から以下のような連絡を受けた経験を持っている。

「先生、宿題が終わらないから、学校に行きたくないと言っています」

「給食で嫌いな献立があるから、今日は休みたいと言っています」

「運動会が憂鬱だからと言って、布団から出てきません」

私は、本当ならこう言いたい。

「だから、何ですか」

宿題が終わらなかったからといって登校を渋る子が、社会に出たらどうなるのか。

気の重いプレゼンがある日に、

「今日は気分がすぐれないので、欠勤します」

で通るのか。

だが、今の学校は子どもに何かを強制できる体制になっていない。それで不登校にでもなったら、学校や教師の責任問題になる。だから対応としては、こうなる。

「あの子に今回の宿題はなしにしようと言っておいてください。次にまた頑張ればいいんです。クラスの子にはやらなかったことがわからないようにしておくので、気にしなくて大丈夫です」

本人の苦痛を取り除いて、親としても担任としても一件落着ということにする。

接客業であれば、この対応で問題ない。顧客の負担を少しでも軽くするのは正しい行為だ。だが教師という仕事は、それぞれの子どもの未来を見すえたものでなくてはならない。こらえ性がなく仕事が長続きしない未来の姿が予想できるのなら、少々のことではへこたれないように訓練をするのが教師の本来の役目なのだ。もちろん、楽して身につくようなものではない。それなりの苦痛や労力をともなうのは必至である。

一部の保護者は、

「そんなに厳しくしたら、子どもたちがつぶれてしまいます」

と言うかもしれないが、そのとき教師たちは反論するべきだ。

「将来つぶれないように、厳しくしているんです」

子どもへの厳しさは、時に反感を買うだろう。だが、教育はそんなまわりの声から独立して存在するべきである。その時点で、感謝されなくていい。十年後、成長した子どもたちと街でバッタリ会ったとき、

「元気でやっています！」

この声を聞くために学校も教師も存在しているのだ。

苦情にも反論する

ここまでお読みいただいた読者はすでにお気づきかと思うが、学校というのは、苦情の集積場のようなところである。苦情はいたるところから寄せられる。

音楽室の窓を開けて子どもたちが歌を歌っていると、

「下手な歌を聞かせるな！」

地域の方からお怒りの電話をいただくし、授業参観の際に指名した子どもが、たまたま答えられなくて、

「ウチの子に恥をかかせた！」

と苦情を言われたこともある。地域の方や保護者を顧客だとすれば、とにかく「すみま

せんでした」と謝るしかない。だが、それでは子どものためにはならないのだ。

少なくとも保護者と教師は、子どもの成長を支える車の両輪のような関係であると私は考えている。片方の車輪である教師は、もう一方の車輪である保護者に遠慮なく助言をすべきなのだ。そのことで保護者が気を悪くする可能性があっても、それが子どものためになるのなら躊躇すべきでない。

たとえば、体操着を忘れた子どもに体育の授業を見学させたとする。

「体育の時間は午後なので、電話してくれれば、持って行ってあげることができた。先生はそうした配慮ができないんですか」

という苦情がきたら（実際にそういうことはある）、

「あの子にとって、今日の体育の授業に参加することよりも、忘れものをしてしまったらこういうリスクがある、だから、次は気をつけようと心に誓うことのほうが大事です。それが、あの子の将来のためです」

そう、きちんと反論すればいい。保護者の心証は悪くなるかもしれないが、教師は人気商売ではない。子どもたちがその後の人生をしっかりと、できるだけ幸せに生きていけるように、さまざまな経験を提供するのが仕事だ。

校庭でケガをした低学年の子どもの保護者が、こんなことを言ってくることもある。

「高学年の子が広く校庭を使ってサッカーをしているので、蹴ったボールが頭に当たってケガをしました。今すぐ、校庭でのサッカーを禁止してください」

多くの学校の回答は、

「わかりました。危険なのですぐに止めさせます」

というものだろう。だが、本当はサッカーが危険なのではなく、高学年児童のサッカーのやり方や、低学年の児童の危機回避のしかたに問題があるのだ。

「たしかに危ない面がありますので、その点をしっかり認識して遊ぶように指導します。高学年の子には、遊び方を考えるように伝えておきます。低学年の子には、遊ぶ場所を考えるように、また、まわりを見て遊ぶようにも話しておきます」

危険だからといってすべてを排除してしまったら、地震や火事といった不測の事態に臨機応変に対処できる人間にはならない。

必要なところではきちんとした反論が求められると思う。

「じゃあ、ウチの子がケガをしたら、どう責任をとってくれるんですか」

と言われたら、正直なかなか返す言葉は見つからないのだが、

「十年後、二十年後、さらにその先の子どもたちのことを考えて、そうしているのです」

と愛をもって訴えていけば、通じるはずだ。なぜなら、子どもを愛しているという点で

は、保護者も教師も一致しているからだ。

真実を伝える

接客業に従事していれば、真実を伝えられない場面は多々あると思う。

「どう、この洋服、似合う?」

まったく似合っていなかったとしても、本人が気に入っている素振りを見せていたら、

「とってもお似合いですよ」

とベタ褒めするのが正しい対応だろう。

「かなり不格好に見えます」

などと露骨に言う店員はいないはずだ。

だが、教師はそういうわけにはいかない。子どもや保護者を良い気分にさせることは、教師という仕事のゴールではない。

「子どもの成長」

教師が目指すべきものは、これに尽きる。だから当然、保護者を傷つける真実も伝えなければならない。あまりにも勉強ができない子どもの保護者に、

「そのうちに何とかなりますよ」

などと言うべきではない。小学校で満足に漢字が書けなかったり、四則計算がままならなかったりする子が、中学校に入って語彙豊かに上手な文章を書き、連立方程式を使いこなせるようになるはずはない。

嫌なことがあると、すぐに逃げ出すクセのある子どもの保護者に、

「大きくなれば、自然に直りますよ」

適当な言葉で誤魔化すのも無責任だ。そういう子どもが、大きくなって自然に難局に立ち向かえる強い人間になれるわけはないのだ。

たしかに、面談で真実を包み隠さず伝えるのは勇気がいる。テストのたびにカンニングを繰り返す子どもがいても、

「テストをやっていて自信がないと、ついまわりが気になってしまうようです。もっと、自分のテストに集中できるようになると、グンと伸びます」

などとオブラートに包んだ言い方になりがちだ。

もう、そんなその場しのぎの配慮は止めるべきだと私は思う。

「テストのたびにカンニングをしています。問題を起こしてもすべて同級生のせいにして、自分だけ助かろうとしたりする様子も見られます。今のうちに自分と向き合う習慣を身につけないと、この子が将来苦労することになります」

というような厳しい言い方も必要なのだ。

ところで、なぜ教師はここまで真実を包み隠すようになってしまったのか。その要因として本書では一部の保護者の姿勢について問題提起してきたが、じつは最大の要因は教師自身の自己保身の姿勢にあると思う。保護者や地域と揉めることで、よけいな苦労をしたくないのだ。子どもたち不在の構図である。

「じつは○○君は……」

真正面から事実を伝えようとする担任教師に、

「何でも言ってください」

でんと構える保護者だってじつは存在する。子どもたちの未来のためには、間違いなくこちらのほうがいい。中身のない美辞麗句を駆使する保護者とのやりとりは、そろそろ改めるべき時期にきている。

遠慮なく注意する

本来、教師と保護者は子どもの成長という共通の目的で結びついたパートナーのはずだ。何度も言うが、「教師の顧客が保護者」という関係であってはならない。前述した、授業参観の最中におしゃべりを止めないような保護者には、毅然と注意すべきなのだ。

子どもたちはしっかり教師を見ている。教師の背中を見ている。教師がマナーの悪い保護者に手をこまねいている様子など、子どもに「長い物には巻かれろ」と教えているようなものだ。

全校児童が集まる朝会。なかには、いつまでもおしゃべりしている子たちがいる。しばらく見ていても、なかなか担任は注意しない。

（自分から気づいて、改めるのを待っているのだろう）

そう思っていたが、次の朝会でも、同じように同じ子がおしゃべりしている。どうやら、クラスでも注意しなかったらしい。他の教師たちも注意しない。担任が注意しないのだから、出すぎた真似は止めようということだろう。本当なら教師の誰かがその場で、

「おい。いい加減にしないか」

さっさと注意すべきである。その子のところに行って、

「シー」

口元に人差し指を立てるだけで、子どもは言うことを聞くはずだ。教師がたくさんいて、誰も注意しないというのであれば、子どもたちは少々騒いでもいいと思ってしまうだろう。それがやがては学級崩壊、学校崩壊へとつながっていく。

大勢の前で子どもを注意して、それが保護者に伝わり、

「うるさい先生ね」

と不本意ながら嫌われるかもしれない。その子どもの担任教師から、

「よけいなことをして……」

そう思われるかもしれない。それでも、教師はこういう場面で行動を起こす必要がある。

たとえば、道徳の指導項目の一つに「公正、公平、社会正義」がある。小学校高学年では、「誰に対しても差別をすることや偏見をもつことなく、公正、公平な態度で接し、正義の実現に努めること」を指導することとなっている。

人と違うアクションを起こせば、たしかに何らかの軋轢《あつれき》は生まれるだろう。ただ、明らかに問題があるのに一歩も二歩も引いて傍観している教師を見た子どもたちは、

「やっぱり、よけいなことはしないほうがいいんだな」

確実にそう思うはずだ。

教師は「それが正しいと思うから、正しいことをしたんだ！」という姿勢で子どもや保護者に向き合えばいいのだ。接客業ではないのだから、周囲の反応などを忖度する必要はない。わが道を行けばいいのだ。

もちろん私も、人の意見など聞く必要がないと主張しているわけではない。ただ、学校をとりまく現実はこれまで本書において述べてきたとおりである。だからこそ、あえてそ

うした姿勢を意識することが大切だと私は言いたいのだ。

2―新たに求められるロウソクとしての教師像

暗闇を照らすロウソクとしての誇り

本書の冒頭で、フィンランドでは、

「教師は、暗闇のなかを照らすロウソクのともし火」

と言われているという話を紹介した。社会全体が教師という職業をリスペクトし、教師もその期待に応えていることのあらわれだろう。


だが、ロウソクのともし火であるためには、それ相応の条件を満たしていることが必要なはずだ。では、これからの時代の教師に特に必要な要素とは何だろうか。私は、何より「人間として独立した存在」かどうかが重要だと考えている。別の言い方をすれば、周囲の目を気にしない強さを持っている、ということである。


物理的にも精神的にも、現代人は多くのものに縛られて生きている。たとえば、〇〇ハラスメントという言葉に、いい大人が戦々恐々としていたりする。

「今、スメルハラスメントっていうのもあるから、大変なんだ」

オシャレには縁遠い友人がコロンをつけていたので、驚いて聞くとその理由を教えてくれた。加齢とともに体臭がきつくなるのは、決して嫌がらせではないと思うが、それも許されないのだ。

誰もがスマホを持ち、「既読スルー」などという言葉が日常的に使われているのを聞くと、私は暗澹たる気持ちになる。メッセージを読んだからといって、いちいち反応していては、それだけで一日が終わってしまう。いつも誰かとつながっている状態では、個人としての輪郭が薄れてしまうのではないだろうか。

教師を含む多くの人間が、周囲の視線に縛られていて、みんなで出る杭を見張っている。そして、一度杭が出ているのを見つけたら、情報を共有し合うのである。私が何かクラス独自の活動をすると、クラスの保護者だけでなく、別の学年の保護者にまでそれが伝わっていて、驚いた経験もある。

こういう社会状況は当然、子どもたちにも影響を与えている。ここ十年近く、学級開きのたびに気になるのが、挙手を求めた際の子どもたちの反応だ。

「わかった人は手を挙げて」

担任がそう言ったら、かつては担任のほうを見て手を挙げたり、恥ずかしくて手を挙げなかったりだった。それが今は、私が尋ねたとたん、全員が横を見るのだ。何をしているのかというと、まわりの友だちがどうするのか、様子をうかがっているのである。まわりの様子を見てから、自分の出方を決めようということだ。最初の一人が手を挙げるのを待って、少し遅れてポツポツ手が挙がる。

子どもたちは、何か特別なことをしたら、まわりからあれこれ言われるのではないかという疑心暗鬼のなかで生きている。本当はやりたいことがあっても、

「友だちがやらないなら、私も止める」

となってしまう。そんな状況だからこそ、今の時代の教師は、

「人間は何にも縛られない独立した存在だ！」

と口で言うだけではなく、態度でも範を示すべきである。

「先生、今学期の成績に納得がいかないので、訂正してください」

通知票を配付した日にかかってくる電話に右往左往してはいけない。

「先生、ウチの子の五十メートル走のタイム、たぶん計測のしかたが間違っていると思うので、測り直しをしてください」

そんな要望には、きっぱりノーと言わなくてはならない。

同僚教師から「何、自分だけ、目立とうとしているの」という穏やかならぬ視線を向けられようと、保護者から「言うことを聞いてくれない」と苦情がこようと、子どもたちの

ために「独立した人間像」を演じるべきである。

教師のそうした姿勢こそは、かならずや子どもたちにとって「ロウソクのともし火」となろう。

AIにない臨機応変さ

教師はAIの開発が進んでも残る職業だといわれている。子どもたちに臨機応変に対応する能力が必要だからだ。


たとえば、友だちとケンカをした子どもがいたとしても、

「まあ、次は気をつけような」

ですますこともあれば、

「ちょっと、親にもきてもらおう」

となることもある。


それまでのクラス内での二人の関係や、どんな理由でケンカになったのか、どの程度のケンカだったのか、非道な手段は使っていなかったか、などさまざまな要因を考えて対応が決まるからだ。

いつもクラスで活躍している子どもが、進んで休み時間にゴミ拾いをしていても、

「○○さん、いつも、ありがとう」

程度の声かけしかしないかもしれない。だが、ふだん他人のために何かをする様子がまったく見られなかった子どもがゴミ拾いをしていたら、

「みんな、今日、△△君が良いことをしていてね……」

全員の前で褒めることも考えられる。

善行を回数、時間で判断するように設定されたＡＩでも、はじめて良いことをした子どもを褒めることはできるかもしれない。だが仮に、

「はじめての子どもの場合は、大袈裟に褒める」

そうプログラムしていても、その子どものふだんの姿勢まで考慮に入れて言葉を選ぶのは難しいだろう。そうした臨機応変さは、人間のみが持ち合わせているものだ。

教師がみずからの信念にしたがってクラスを運営し、子どもたちの様子を見て臨機応変に対処する。それが、これからの時代に求められる教師像といえよう。

鉄の意志

家のリフォームをしていて、二週間ほど近所の銭湯に通った時期があった。久しぶりの銭湯なので勝手を忘れていて、洗面器と椅子が一組出されている場所に座った。スーパー

銭湯では使用可能な洗い場すべてに洗面器と椅子がセットされているので、ついそのルールに倣《なら》ってしまったわけである。

体を洗おうと椅子に座った瞬間、湯船に浸かっている老人から声がかかった。

「そこは、俺の場所だよ」

驚いて振り返ると、穏やかな笑顔がお湯の上に浮かんでいた。

「銭湯ははじめてかい？」

そう言うと、老人は銭湯におけるマナーとルールを話しはじめた。そこに洗面器と椅子があるということは、誰かが次にまた使うという意味であり、自分が使う洗面器と椅子は、自分で用意すること。風呂を出るときは、それらをもとの位置に戻す、といったことなどだ。

誰しも人に注意するときは、何かしら身構えてしまうものだが、その老人は違った。どう表現すればいいのだろう。まるでゆったり歌を歌っているかのような、のどかな語り口だった。

翌日。またもその老人と一緒になった。今度は私が先に湯船に浸かっていると、そこに数人の若者が一緒に入ってきた。彼らも銭湯に慣れていない様子で、そのなかの一人が私が先に出していた椅子に座った。すると、やはり隣りで体を洗っていた老人が声をかけたのだ。

「そこは今湯に入っている人の場所だから、ダメなんだよ」

私もお湯から上がると、戸惑っている若者に、

「昨日は私がこの人に教えてもらったんだよ」

と付け加えた。若者も合点がいったとばかりに笑顔を返してきた。

じつはこのとき、私は自分の場所にこの若者が座ったら別の洗面器と椅子を出して、別の場所に座ればいいと思っていた。だがそれでは、彼らが銭湯のマナーを知らぬまま出ていくことになる。

そんなタイミングで、「彼が知らないのなら、教えてあげよう」と、この老人は単純にそう思って声をかけたのだ。このときも、「そんなことは絶対に許さない」というような気張った気配はみじんもない、自然な口調だった。

おそらく、この老人ならどんな相手であっても、たとえ自分より年かさの相手でも、同じことを言うだろう。

私は自分が恥ずかしくなった。思えば学校でも、

「言おうかな……」

そう思いながら、つい口を閉ざすことがある。これでは教師失格だ。教師たる者、揺る

がない気持ちが不可欠だ。

ただ、銭湯で出会った老人のように、自然体で人を注意するのは本当に難しい。だとしたら、意志の力で何とかしよう。「鉄の意志」を持とう。私はこのとき、そう決意した。日々意識していれば、自分が変わっていくのではないかと考えている。

学校に社会的要素を持ち込む覚悟

アメリカの哲学者ジョン・デューイは、学校は社会に出るための準備機関であるとしたうえで、次のように警鐘を鳴らしている（『学校と社会』市村尚久訳、講談社学術文庫）。

《現在の学校の悲劇的な弱点は、社会的精神に関する諸条件が、とりわけ欠けてしまっているような生活環境の中で、社会的秩序を維持する未来の成員を準備しようと努めていることにある。》

実際の社会生活と学校生活とが遊離しているというのだ。今から百年以上前に書かれた書物のなかの一文である。

明治大学准教授の内藤朝雄先生は、市民社会の秩序が学校で集団生活を送る生徒たちの現実感覚のなかに存在していないとし、「学校の法化」を念頭にイジメについて次のように対応すべきだとしている（『中央公論』二〇一二年十月号）。

《加害者が生徒であれ教員であれ、殴る蹴るといった暴力系のいじめ（恐喝なども含む）に対しては、学校内治外法権を廃し、通常の市民社会の大人と同じ基準で法にゆだねる。そのうえで、加害者のメンバーシップを停止する。ここで大切なのは、暴力の被害にあったり暴力を見かけたりしたら、学校の頭越しに警察に通報することを、生徒も教員も親も「あたりまえ」に行うことである。もし学校関係者が通報をさまたげたら、その者を厳しく処罰する。》

内藤先生は、社会生活と学校生活とを一致させるべきだという観点から見て、現行の学校制度には課題があるとしている。たしかに、社会で許されないことが学校内でなら許されるのなら、学校という存在は閉鎖された特殊機関だということになってしまう。

学校では、生徒同士の揉めごとがよく起こる。多種多様な人間が存在する集団生活では、当たり前なのかもしれない。

「先生、聞いてよ」

揉めごとの内容を聞くと、明らかに一方の子どもに非があることもある。両者を呼んで事情を聞いた後、悪いことをしたほうの子どもが謝る。

「ゴメンね」

そう言われたら、やられた側も、

「いいよ」

と答えるのが定番だ。だが、本当は許したくないのに、許さないといけないのが学校だと思って、しかたなく許している子どももいるかもしれない。

私はあるとき子どもたちに、

「嫌だったら、『いいよ』ではなく、『やだよ』でもいいよ」

と伝えた。すると子どもたちはさっそく実行に移した。

私が担任をしている低学年のクラスの子どもたちが遊んでいたのに、後からきた中学年の子どもが遊具を横どりするという事件があったのだ。遊具をとられた子どもたちが担任の私に助けを求めてきた。双方の事情を聞き、やはり中学年の子が悪いとなって、定番の謝罪儀式が始まった。

「ゴメンね」

だが、子どもたちは許さなかった。

「やだよ」

許してもらえなかった中学年の子どものほうは、心底驚いた顔をしていたが、気をとり直してもう一度謝った。だが、結果は同じだった。

「だって、この前もやったじゃん。反省してるから謝ったんじゃなくて、先生に怒られるのが面倒くさいから謝っただけでしょ。だから、やだよ」

そのうち、中学年の子は泣き出してしまった。かわいそうではあるが、彼は間違いなく反省したはずだ。

内藤先生の言われるように、学校には治外法権のようなものが存在している。暴力即通報というのは極論のようにも感じるが、実際に学校内には窃盗も恐喝も強要も存在する。なのに学校は、盗みをした子どもの保護者に連絡するときにも、

「申し訳ございませんが……」

と卑屈なまでの低姿勢さで事実を伝えている。これでは家庭での反省を促すことなど難しいのではないか。子どもが悪いことをしたら、保護者にありのままに事実を伝え、

「このままでは、将来が心配です」

と子どもの問題に正面から向き合うことを求めるべきなのだ。そうしないと、学校の「悲劇的な弱点」はいつまでたっても克服されないだろう。

プロ根性

プロ根性――。

最後になって、昭和の香りがプンプンする言葉を出してしまった。でも、私は教師にはこの言葉が不可欠だと心から思っている。

プロフェッショナルとは「専門的な」という意味である。

では、教師の専門性とはいったい何だろうか。算数を教えることなら家庭でもできる。漢字の学習も同様だ。では、集団を指導する専門家なのだろうか。しかし、休日に少年野球を教えている保護者のなかにも、子どもたちを巧みにまとめあげている方が多くいる。

われわれ教師は「師」という漢字を付けてもらいながら、そのじつ何の専門家なのかはっきりしないのだ。

だから、苦情に対して弱腰になる。

「薔薇《バラ》という漢字を書いてみてください」

かつてある同僚は家庭訪問の際、保護者にこんなことを言われたことがあるという。書けなかった彼女は「勉強不足で、申し訳ございません」と謝罪したそうだが、本当は謝る必要などないのだ。

「薔薇」という漢字は、教育漢字でもなければ常用漢字でもない。教師が書けなくても何ら問題はない。

「書けませんし、書けたからといって何の意味もありません。私は子どもたちに教える専門家です。今度の授業参観を楽しみにしていてください」

という返答でもよかったのだ。

進級早々、友だち関係の苦情がくることも多い。

「先生、今度のクラスにウチの子の友だちが一人もいないって、どういうことですか」

何十人もいるクラスのなかに一人も友だちがいないとすると、それ以前の問題なのだが、本当はこういう苦情にも、

「仲の良い友だちは、別のクラスにいるんですよね。ということは、このクラスで新たに友だちを作れば、前の友だちも合わせて友だちだらけということになります。まあ、見ていてください。三か月後には『このクラスで良かった』と言わせてみせますから」

くらいの威勢で答えたいものだ。

こうした台詞を躊躇なく口にするためには、われわれ教師が正真正銘の専門家《プロ》である必要がある。教師が学校でやるべきことはたくさんあるので、われわれはさまざまな専門家になれる。学級掲示物の専門家、作文指導の専門家、教育相談の専門家、行事推進の専門家など、多種多様な技能を身につけられるのだ。

「専門家だなんて、おこがましい」

とある若手教師が言っていたが、そんな腰の引けた姿勢ではいけない。

「学校は、たいした考えもなしに行事の計画を立てているのではないか」

と思われているから、地域の方からいわれのない苦情を受けることになるのだ。

「あんな教え方なら、私にもできる」

と保護者に思われているから、授業に関して苦情がくるのだ。われわれ教師の力量がまだまだ足りないのである。その力不足を接客業化することで誤魔化しているのかもしれないのだ。

「私はプロです」

教師たちが胸を張ってこう言えるようでなければ、とうてい暗闇を照らすロウソクになることはできないだろう。

終わりに

これまで述べてきたように、現在の学校は教師の接客業化という深刻な問題に直面している。問題の所在は明らかなのだが、今の状況から脱却するのは容易ではない。長い年月を経て、徐々に学校や教師が弱体化して、今日にいたるという歴史があるからだ。

本書では、今の学校で起こっている問題を理解していただくために、保護者の方々から寄せられる無理難題ともいえる苦情・要望の数々を詳しくご紹介させていただいた。読まれて複雑な気分になった読者もいるかもしれないが、最後にそういう保護者というのは実際には少数派なのだということを強調しておきたい。

保護者の大部分は今日でも、きわめてまっとうな感覚で子どもにも学校にも向き合っていると思う。

「子どもたちの登下校は任せてくださいよ！」

と日々、交差点に立って子どもたちの安全を見守ってくださる、心強い地域の応援団もいる。

「子どもたちに見られているという自覚を持って、私たちが襟を正さないと……」

面談でしきりに親としてのご自身のありようを反省している保護者もいる。じつは保護者の多くは、学校や教師に対して接客業のような対応など求めていないのだ。

だが一部の保護者の声高な言い分に、教師の多くは傷つき、疲弊している。

「ウチの子は先生から学ぶことなど、一つもありません」

などと言われ、落ち込まない人間はいないだろう。

「テメエ、それでも教師か」

激しい口調で恫喝《どうかつ》されれば、それ以上、大事にならないように、非がなくても引き下がろうという気持ちになる。どちらも実際にあった話である。残念ながら教師が一歩、二歩と譲歩すればするほど、

「じゃあ、この際、もっと言ってやろう」

そんな態度で教師に迫る一握りの存在がいるのだ。

その結果、教育現場はどうなっただろう。教師は、調査の種類にもよるが、うつ病を発症する職種の第一位になっていることがある。文部科学省が発表した平成二十九年（二〇

一七年）度公立学校教職員の人事行政状況調査によると、精神疾患による病気休職者数は五千七十七人で、前年度から百八十六人も増加している。毎年、五千人前後の教師がうつ病になっているという異常事態である。

「もう、これ以上頑張れません」

涙を流しながら学校を去って行った同僚を、何人も見てきた。

残った教師の大部分は、心を麻痺させることでこの危機を回避してきた。

「この仕事をやっていると、いろいろ言われるのは当然だから……」

「逆らっても、ロクなことにはならないから……」

みずからにそう言い聞かせることで、苦情や理不尽な申し出を受け入れてきた。接客業化の歴史は、学校や教師が心を空っぽにしてきた歴史でもある。

だが、それももう限界だ。教師にとってではなく、子どもたちにとってである。子どもたちはこれから、かつてない大きな社会変化のうねりのなかで生きていかなくてはいけない。そして変化のスピード自体もこれまでとはまったく違うはずだ。一部の保護者が何と言おうと、タフに生きていける人材に育てなければならないのだ。

われわれ教師は立ち上がらなければならない。相手が誰であれ、子どもの成長を妨げる要求には容赦なく「ダメなものはダメ」と毅然と対処していくしかない。

子どもたちにとって必要なのだから、恐れることはないはずだ。教師の仕事は、子どもたちがより良い未来をつかめるように教え導くことだ。学校の現状を考えると容易《たやす》いことではないが、他に道はない。

ドクターX、大門未知子の声が聞こえてきそうだ。

「特定の子どもへの優遇策……いたしません」

「理不尽な苦情への対処……いたしません」

「作り笑顔での授業……いたしません」

「未来を見ないような教育……いたしません」

「最後に、接客業のような真似も……いたしません」

教師が真に教師らしくなったとき、子どもたちの未来は明るいものになるだろう。教師はそのための研鑽《けんさん》に励み、まわりも教師を盛り立てていく――。そうでなくてはならない。

すべては、子どもたちのためである。

著者略歴――――
齋藤浩　さいとう・ひろし
1963（昭和38）年、東京都生まれ。横浜国立大学教育学部初等国語科卒業。佛教大学大学院教育学研究科修了（教育学修士）。現在、神奈川県内公立小学校教諭。日本国語教育学会、日本生涯教育学会会員。これからの時代に合った学校教育の在り方を研究している。著書に『子どもを蝕む空虚な日本語』（草思社）、『理不尽な保護者への対応術』『学校のルーティンを変えてみる』（以上、学事出版）などがある。

教師という接客業

2020年7月3日　第1刷発行

著　者　齋藤浩
ブック デザイン　Malpu Design（清水良洋＋佐野佳子）
発行者　藤田　博
発行所　株式会社 草思社
〒160-0022　東京都新宿区新宿1-10-1
電話　営業 03（4580）7676　編集 03（4580）7680

本文組版　有限会社 一企画
本文印刷　株式会社 三陽社
付物印刷　株式会社 暁印刷
製本所　大口製本印刷 株式会社

ISBN978-4-7942-2458-3 Printed in Japan　検印省略